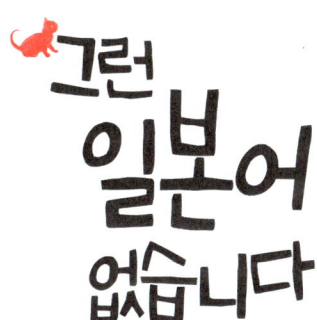

그런 일본어 없습니다

그런 일본어 없습니다

지은이 최은준
펴낸이 안용백
펴낸곳 (주)도서출판 넥서스

초판 1쇄 발행 2010년 12월 25일
초판 2쇄 발행 2010년 12월 30일

출판신고 1992년 4월 3일 제311-2002-2호
121-840 서울시 마포구 서교동 394-2
Tel (02)330-5500 Fax (02)330-5555
ISBN 978-89-5797-437-7 13730

저자와 출판사의 허락 없이 내용의 일부를 인용하거나
발췌하는 것을 금합니다.

가격은 뒤표지에 있습니다.
잘못 만들어진 책은 구입처에서 바꾸어 드립니다.

www.nexusbook.com
넥서스Japanese는 (주)도서출판 넥서스의 일본어 전문 브랜드입니다.

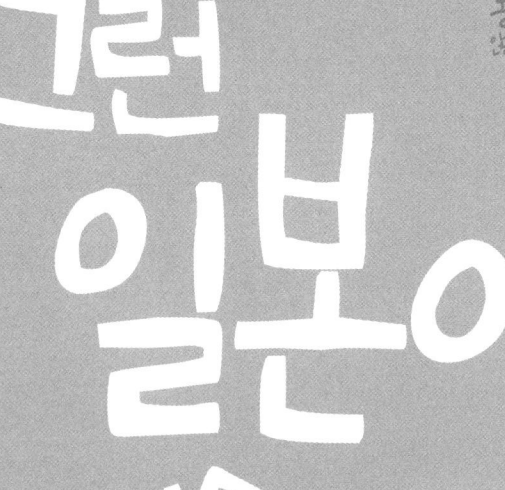

내가 하는 말에
일본인이 인상을
찌푸린다면?

내가 하는 말이
통하지
않는다면?

그런 일본어 없습니다

최은준 지음

...이제는
자신 있게
말할 수 있어

넥서스 JAPANESE

머리말

♥ 제가 한국에서 학교를 다니던 때, 가깝게 지내던 일본인 선생님이 계셨습니다.

♥ 그분은 한국을 좋아하시고 한국어도 꽤 구사하시는 선생님이셨지만, 한국어로 이야기할 때에 간혹 그분이 말씀하시는 한국어의 의미를 이해 못하거나, 착각하거나, 부자연스럽게 느낀 경험이 있었습니다. 반대로 제가 일본어로 이야기할 때에는, 나 자신은 바르게 표현하고 있는 것 같지만 제가 말하고자 하는 뜻이 상대방에게 잘못 전달되어 의미가 통하지 않는 일도 있었습니다.

♥ 이와 같이 각각의 언어에는 문법적으로는 올바르다고 해도 실제 회화 속에서는 잘못 쓰이거나, 이쪽이 맞다고 생각하고 있는 말이 다른 엉뚱한 의미를 가지는 경우도 있습니다. 여러분들 또한 외국어를 배우면서 직면하게 되는 이러한 오류와 실수에 고민을 할 때가 많을 것입니다.

♥ 이 책 '그런 일본어 없습니다'는 우리 일본어 학습자들이 자주 틀리는 일본어 표현들에 착안하여, 저자가 지금까지 가르쳐 오면서 경험한 사례들을 이론적이기보다는 실용적인 차원에서 정리하였으며, 그중에서도 빈도가 높은 것만을 중점적으로 골라 설명하였습니다. 전체는 총 3개의 Chapter로 되어 있고, 각 Chapter는 특징별로 3~5개의 종류로 나누어져 있습니다. Chapter 1에서는 형용사, 동사, 부사, 외래어, 한자어에 대해 소개하고 있으며, Chapter 2에서는 완전 형태 바꿈, 표현 1, 표현 2, 문법을 다루었으며, Chapter 3에서는 학교 · 가정 · 요리 · 교통 · 행사 · 계절에 관한 내용을 수록했습니다.

♥ 이 책을 읽어 나가는 것만으로 일본인들과 확실하게 통하는 올바른 일본어 구사 방법을 충분히 이해할 수 있을 것입니다. 이 책으로 여러분이 보다 정확하고 풍부한 커뮤니케이션을 실현할 수 있기를 바라며, 책이 나오기까지 도움을 주신 후지사와 선생님, 넥서스JAPANESE 출판 담당자께 감사의 말씀을 전합니다.

최은준

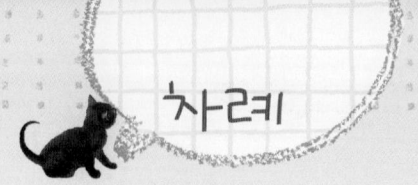

차례

Chapter 1 형용사

- 01 당신을 사랑해요 ☆ 10
- 02 귀여운 것 같아요 ☆ 12
- 03 저는 ~를 잘합니다 ☆ 14
- 04 친절한 누나 ☆ 16
- 05 잘 있었어요? ☆ 18
- 06 입이 무거워요 ☆ 20
- 07 그립다 ☆ 22
- 08 시원한 맥주 ☆ 24
- 09 (친한 사이인데도) 섭섭하다 ☆ 26
- 10 싫다 ☆ 28
- 11 잘 놀았어요 ☆ 30
- 12 속이 시원하다 ☆ 32
- 13 기타 ☆ 34

동사

- 14 보고 싶습니다 ☆ 36
- 15 치마를 입다 ☆ 38
- 16 커피를 끓이다 ☆ 40
- 17 스트레스를 받다 ☆ 42
- 18 냄새가 나다 ☆ 44
- 19 배가 고픕니까? ☆ 46
- 20 피곤합니다 ☆ 48
- 21 도와 드릴까요? ☆ 50
- 22 무시하다 ☆ 52
- 23 공부를 잘합니다 ☆ 54
- 24 자고 왔다 ☆ 56
- 25 담배를 끊다 ☆ 58
- 26 ~라고 생각합니다 ☆ 60
- 27 간장이 떨어졌어! ☆ 62
- 28 모릅니다 ☆ 64
- 29 알려 주세요 ☆ 66
- 30 기타 ☆ 68

부사

- 31 꼭 ~하겠습니다 ☆ 70
- 32 최근 ☆ 72
- 33 더 이상 ☆ 74
- 34 어떻게 ☆ 76
- 35 순서대로 ☆ 78
- 36 우연히 ☆ 80
- 37 처음입니까? ☆ 82
- 38 여기저기 ☆ 84
- 39 차라리 ☆ 86
- 40 진짜로 ☆ 88
- 41 기타 ☆ 90

외래어

- 42 헬스 ☆ 92
- 43 미팅 ☆ 94
- 44 컵 ☆ 96
- 45 파스 ☆ 98
- 46 마마보이 ☆ 100
- 47 저는 장롱면허예요 ☆ 102
- 48 백(back) ☆ 104
- 49 립싱크 ☆ 106
- 50 공주병 ☆ 108
- 51 황금연휴 ☆ 110
- 52 선물 ☆ 112
- 53 일회용 밥(햇반) ☆ 114
- 54 원두커피 ☆ 116
- 55 스카치테이프 ☆ 118

| 56 | 입소문 ☆ 120 |
| 57 | 기타 ☆ 122 |

한자어

58	애인 ☆ 124
59	총각 ☆ 126
60	계산 ☆ 128
61	화투 ☆ 130
62	준비 ☆ 132
63	사전 ☆ 134
64	참석 ☆ 136
65	역부족 ☆ 138
66	저출산화 ☆ 140
67	유통기한 ☆ 142
68	사자성어 ☆ 144
69	기타 ☆ 146

완전 형태 바꿈

70	욕 ☆ 148
71	스킨 ☆ 150
72	일회용 ☆ 152
73	불조심 ☆ 154
74	사고방식 ☆ 156
75	내복 ☆ 158
76	표절 ☆ 160
77	분위기 파악 못하다 ☆ 162
78	시장이 반찬이다 ☆ 164
79	가득 ☆ 166
80	더빙 ☆ 168
81	파리 날리다(손님이 없다) ☆ 170
82	직전에 취소함 ☆ 172

83	강추 ☆ 174
84	쌩얼 ☆ 176
85	변명만 하는 젊은이들 ☆ 178
86	최상급에서 최하급까지 ☆ 180
87	천생연분 ☆ 182
88	피부 ☆ 184
89	시각 장애인 ☆ 186
90	기타 ☆ 188

표현 1

91	남대문이 열려 있어요 ☆ 190
92	몇 년생입니까? ☆ 192
93	날씨가 춥네요 ☆ 194
94	제가 대접하겠습니다 ☆ 196
95	일본에는 잘 다녀오셨어요? ☆ 198
96	그래요? ☆ 200
97	이 책 잘 봤습니다 ☆ 202
98	고향(집, 고국)에 갑니다 ☆ 204
99	수고하셨습니다 ☆ 206
100	맛있게 드세요 ☆ 208
101	(전화가) 잘 안 들리는데요 ☆ 210
102	[연말 인사]새해 복 많이 받으세요 ☆ 212
103	5분 남았습니다 ☆ 214
104	계세요? ☆ 216
105	그동안 별일 없었습니까? ☆ 218
106	기타 ☆ 220

표현 2

107	몸이 아플 때… ☆ 222
108	~님이시군요 ☆ 224
109	(바빠서) 정신이 없다 ☆ 226

110	바람을 맞다 ☆ 228		140	부부 싸움 ☆ 288
111	대충대충 하지 않는다면 ☆ 230		141	동거 ☆ 290
112	다시는 이런 일이 ☆ 232		142	황혼 이혼 ☆ 292
113	물도 좋고 인심도 좋다 ☆ 234		143	큰아이 / 작은아이 ☆ 294
114	~를 조심하다 ☆ 236		144	우리 남편 ☆ 296
115	하면 된다 ☆ 238		145	기타 ☆ 298
116	무효 ☆ 240			
117	빈 캔 ☆ 242			
118	내일모레 ☆ 244			
119	1등 하다 ☆ 246			
120	기타 ☆ 248			

요리, 교통

146	기내 도시락 ☆ 300
147	비법 ☆ 302
148	복날 ☆ 304
149	음식물 쓰레기 ☆ 306
150	어머니의 손맛 ☆ 308
151	더치페이 ☆ 310
152	전세 버스 ☆ 312
153	별미 ☆ 314
154	유실물 센터 ☆ 316
155	초보자 ☆ 318
156	기타 ☆ 320

문법

121	5시까지 ☆ 250
122	이름이 뭐예요? ☆ 252
123	~한 지 얼마 안 됐다 ☆ 254
124	자는 편이 좋아요 ☆ 256
125	과음하다 ☆ 258
126	살기 좋은 집 ☆ 260
127	노력한 만큼 능숙해지다 ☆ 262
128	먹어도 됩니까? ☆ 264
129	창문에서 ☆ 266
130	~하기 힘들다 ☆ 268
131	~지도 모릅니다 ☆ 270
132	다시 보다 ☆ 272
133	앉으세요 ☆ 274
134	기타 ☆ 276

행사, 계절

157	벚꽃 놀이 ☆ 322
158	일본의 추석 ☆ 324
159	환절기 ☆ 326
160	성묘 ☆ 328
161	해수욕장 개장 ☆ 330
162	경축일 ☆ 332
163	봄소식 ☆ 334
164	연차 ☆ 336
165	낮 최고기온이 30℃ 이상인 날 ☆ 338
166	더위와 추위도 춘분·추분 무렵까지 ☆ 340
167	우수 ☆ 342
168	기타 ☆ 344

Chapter 3 학교, 가정

135	금옥 초등학교 ☆ 278
136	선생님 ☆ 280
137	학생 ☆ 282
138	단독주택 / 아파트 ☆ 284
139	집에 없는 것 ☆ 286

내가 하는 말에
일본인이 인상을
찌푸린다면?

그런
일본어
없습니다

형용사

01 당신을 사랑해요
02 귀여운 것 같아요
03 저는 ~를 잘합니다
04 친절한 누나
05 잘 있었어요?
06 입이 무거워요
07 그립다
08 시원한 맥주
09 (친한 사이인데도) 섭섭하다
10 싫다
11 잘 놀았어요
12 속이 시원하다
13 기타

episode 01 당신을 사랑해요

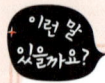
あなたを愛しています。　✗

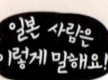
あなたが好きです。　○

あなたのこと、好き。

일본인은 '사랑합니다'를 「愛(あい)しています。」라고 하기보다는 흔히 「好(す)きです。」라고 한다. 「好きです。」는 '좋아합니다'와 '사랑합니다'라는 뜻이 있어서, 이성에게 「好きです。」라고 하면 'I love you'의 뜻이 되니 주의해야 한다.

A 何が好きですか。
B ぼくは花や夕日や虹や…。
  とにかく自然が好きだな。木村さんは。
A わたしはそんなあなたが好きです。

A 무엇을 좋아하세요?
B 나는 꽃이나 석양이나 무지개나… 어쨌든 자연을 좋아해요. 기무라 씨는요?
A 저는 그런 당신을 사랑합니다.

☆ おれ、おまえのこと、好きだよ。
나, 너 사랑해! (남자가 하는 말)

☆ 趣味が似ていますね。あなたが好きなものは、私も好きです。
취미가 비슷하네요. 당신이 좋아하는 건 저도 좋아합니다.

ぼく 나, 저	花(はな) 꽃	夕日(ゆうひ) 석양
虹(にじ) 무지개	とにかく 어쨌든	自然(しぜん) 자연
そんな 그런	おれ 나(*남성어)	おまえ 너
似(に)る 닮다		

Tip
'~ 씨를 좋아해요'라고 할 때는 「~さんはいい人だと思います」(~ 씨는 좋은 사람이라고 생각합니다)라고 하면 된다.

episode 02 귀여운 것 같아요

かわいそうですね。　✗

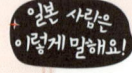
かわいいですね。　○

かわいい。

「かわいそうですね。」는 '불쌍하군요.'라는 뜻이며, 「かわいいですね。」는 '귀엽군요.'라는 뜻이다. 귀여운 아이에게 '불쌍하군요'라고 했을 때, 그 말을 들은 그 아이 부모님의 표정을 상상해 보길…

참고 かわいそうだ [な형용사] 불쌍하다 / かわいい [い형용사] 귀엽다

- ケイタイの写真を見ながら -

A お子さんの写真ですか。ちょっと見せてもらってもいいですか。

B ええ、いいですよ。どうぞ。下の娘です。

A わあー、かわいいですね。

B どうも。今小学校2年生です。

- 휴대전화 사진을 보면서 -
A 자제분 사진입니까? 잠깐 보여 줄 수 있어요?
B 예, 괜찮아요. 여기요. 작은딸입니다.
A 와~ 귀엽네요.
B 감사합니다. 지금 초등학교 2학년입니다.

☆ 彼女は僕が今まで会った中で一番かわいい。
그녀는 내가 지금까지 만난 사람 중에서 가장 귀엽다.

☆ このキャラクター、かわいいね。キティちゃんて言うんですか。
이 캐릭터 귀엽네. 키티 짱이라고 하나요?

ケイタイ 휴대전화	写真(しゃしん) 사진	お子(こ)さん 자녀분
見(み)せる 보이다	下(した) 밑, 아래	娘(むすめ) 딸
会(あ)う 만나다	一番(いちばん) 가장	言(い)う 말하다

episode 03 저는 ~를 잘합니다

いちばんとくいです〜

 이런 말 있을까요?

わたしは〜が上手です。　✗

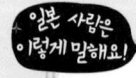 일본 사람은 이렇게 말해요!

わたしは〜が得意です。　○

おれ、〜得意。

남이 잘하는 것을 말할 때는「～は～が上手(じょうず)です。～는 ～를 잘합니다.」라고 하고, 자신이 잘하는 것을 말할 때는「わたしは～が得意(とくい)です。저는 ～를 잘합니다.」라고 해야 한다.

A 木村さんはどんなスポーツが好きですか。
B やっぱりサッカーですね。見るのもするのも好きです。
A じゃ、実力もかなりなんでしょうね。
B いいえ、それほどでもないですが、スポーツの中では一番得意です。

A 기무라 씨는 어떤 스포츠를 좋아하세요?
B 역시 축구죠. 보는 것도 하는 것도 좋아합니다.
A 그럼, 실력도 상당하시겠네요.
B 아뇨, 그 정도는 아니지만, 스포츠 중에서는 가장 잘합니다.

☆ 僕は音楽が好きで、ピアノを弾くのが得意です。
저는 음악을 좋아하고, 피아노를 잘 칩니다.

☆ 私は料理は得意ですが、後片付けは苦手です。
저는 요리는 잘하지만, 정리는 잘 못해요.

どんな 어떤	やっぱり 역시	サッカー 축구
見(み)る 보다	実力(じつりょく) 실력	かなり 상당히, 꽤
それほどでもない 그 정도는 아니다		一番(いちばん) 가장, 제일
ピアノを弾(ひ)く 피아노를 치다		後片付(あとかたづ)け 뒤처리
苦手(にがて)だ 서투르다		

친절한 누나

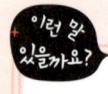
親切な姉

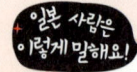
優しい姉

일본에서는 자기 가족을 남에게 말할 때 「親切(しんせつ)だ 친절하다」라는 말은 쓰지 않고, 「やさしい 상냥하다」를 사용한다.

예 あの店みせの人ひとは親切しんせつだ。 그 가게 사람은 친절하다.

両親りょうしんはやさしい。 부모님은 상냥하다.

A お姉ねえさんはどんな人ひとですか。
B 落おち込こんでいる時とき、励はげましてくれたりよく相談そうだんに乗のってくれる優やさしい姉あねです。
A いいお姉さんですね。

A 누님은 어떤 사람입니까?
B 우울할 때 격려해 주거나, 상담에 잘 응해 주는 친절한[상냥한] 누나입니다.
A 좋은 누님이군요.

☆ 先日せんじつうちの優やさしい姉あねが、姉以上いじょうに優やさしい人ひとと結婚けっこんしたんです。
요전날 나의 상냥한 누나가 누나 이상으로 상냥한 사람과 결혼했어요.

☆ 彼女かのじょは優やさしい人ひとだ。怒おこったのを見みたことがない。
그녀는 상냥한 사람이다. 화내는 것을 본 적이 없다.

お姉(ねえ)さん (남의) 누나. 언니   落(お)ち込(こ)む 빠지다. 침울해 하다
励(はげ)ます 격려하다   よく 자주. 잘   相談(そうだん)に乗(の)る 상담에 응하다
姉(あね) (자기) 누나. 언니   怒(おこ)る 화내다

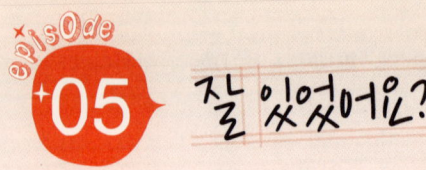

잘 있었어요?

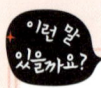

よくいましたか。　✗

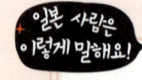

お元気(げんき)でしたか。　◯

元気だった？

'잘 있었어요?'를 직역해서 「よくいましたか。」라고 하지 않도록 해야 한다. '잘 있었어요?', '잘 지냈어요?'는 「お元気(げんき)でしたか。」가 좋다.

A 先生、こちらです。
B あ、林さん。本当にお久しぶりですね。お元気でしたか。
A はい、おかげさまで元気です。先生もお元気そうで何よりです。

A 선생님 이쪽이에요.
B 아, 하야시 씨, 정말로 오래간만이네요. 잘 지내셨어요?
A 네, 덕분에 잘 지냅니다. 선생님도 건강하신 것 같아서 좋네요.

☆ ご無沙汰しています。お元気でしたか。
오랜만에 뵙습니다. 잘 지내셨어요?

☆ 元気だった? 最近連絡がなかったから心配したよ。
잘 지냈어? 요즘 연락이 없어서 걱정했어.

久(ひさ)しぶり 오래간만 **元気(げんき)** 건강, 기운 **おかげさまで** 덕분에
何(なに)より 무엇보다도 좋음 **ご無沙汰(ぶさた)** '오랜만입니다'의 공손한 표현

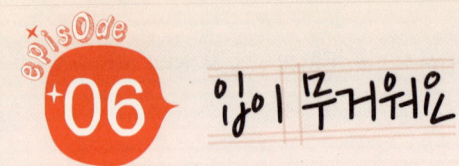
입이 무거워요

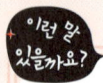
口が重いです。

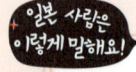
口が堅いです。

口が堅い。

「口(くち)が重(おも)い」는 '말이 적다', '과묵하다'의 뜻으로, '의리가 있어서 하지 말아야 할 말을 하지 않는다'는 뜻을 가리킬 때는 「口が堅(かた)い 입이 무겁다」라고 한다. 반대로, '입이 가볍다'는 「口が軽(かる)い」이다.

A あの人は口が軽いから、話したら絶対だめですよ。
B 田中さんはどうですか。
A 彼は信頼できます。彼は口が堅い人間だから。

A 저 사람은 입이 가볍기 때문에, 이야기하면 절대 안 됩니다.
B 다나카 씨는 어떻습니까?
A 그는 신뢰할 수 있습니다. 그는 입이 무거운 사람이니까요.

☆ だれにも言わないから、だれと付き合っているか教えてよ。口は堅いから心配しなくていいよ。
아무에게도 말하지 않을 테니, 누구랑 사귀는지 가르쳐 줘. 입은 무거우니까 걱정하지 않아도 돼.

☆ 容疑者は口が堅く、黙秘を続けている。
용의자는 입을 다물고, 묵비(권 행사)를 계속하고 있다.

人(ひと) 사람, 남	話(はな)す 이야기하다	絶対(ぜったい) 절대
だめだ 안 된다	彼(かれ) 그, 남자 친구	信頼(しんらい) 신뢰
人間(にんげん) 인간	~だから ~이니까(요)	付(つ)き合(あ)う 사귀다, (행동을) 같이하다
	黙秘(もくひ) 묵비	続(つづ)ける 계속하다

그립다

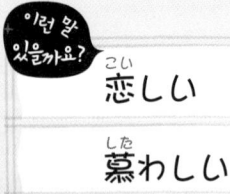
恋しい

慕わしい

懐かしい

'그립다'에 해당하는 일본어는 「恋(こい)しい」, 「慕(した)わしい」, 「懐(なつ)かしい」가 있는데 각각의 쓰임이 다르다. 「恋しい」는 사랑하는 대상과의 만남을 원하는 경우에 쓰며, 「慕わしい」는 이성에 대한 사모의 정을 나타낸다. 또 「懐かしい」는 과거의 추억을 회상하는 경우에 쓴다.

A わあ、この歌、懐かしいですね。
　中学の時、流行っていた歌ですよ。
B You Tubeで検索したら動画も見られますよ。
A じゃ、さっそく見てみます。

A 와~, 이 노래, 그립네요.
　중학생 때, 유행했던 노래예요.
B You Tube로 검색하면 동영상도 볼 수 있어요.
A 그럼, 당장 봐 볼게요.

☆ この写真、みんな若いね。懐かしいな。
　이 사진(에 나온 사람들) 모두 젊네. 아~ 그립다.

☆ 懐かしい思い出が浮かぶ。
　그리운 추억이 떠오르다.

歌(うた) 노래　　　　中学(ちゅうがく) 중학(교)
流行(はや)る 유행하다(＝流行(りゅうこう)する)　　検索(けんさく) 검색
動画(どうが) 동영상　　さっそく 즉시, 당장　　若(わか)い 젊다
思(おも)い出(で) 추억　　浮(う)かぶ 떠오르다

episode 08 시원한 맥주

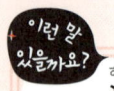
涼しいビール

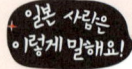
冷たいビール

冷えたビール

「涼(すず)しい 시원하다」는 공기나 바람 등 기체에 대해 쓰는 표현이므로, 「冷(つめ)たい 차다」나 「冷(ひ)える 차가워지다」를 사용하여, '시원한 + (먹을 것)'으로 표현한다.

例 冷(ひ)えた水(みず) 시원한 물

　冷(つめ)たいトマト 시원한 토마토

A　冷(つめ)たいかき氷(ごおり)が食(た)べたいなあ。
B　ぼくは涼(すず)しい部屋(へや)でアイスクリーム。
C　私(わたし)はよく冷(ひ)えたスイカが食べたいなあ。
D　暑(あつ)い日(ひ)は、やっぱり冷(ひ)えたビールですね。

A　시원한 빙수가 먹고 싶어요.
B　나는 시원한 방에서 아이스크림.
C　나는 아주 시원한 수박이 먹고 싶어.
D　더운 날은 역시 시원한 맥주죠.

☆　今日(きょう)は暑(あつ)いから、冷(ひ)えたビールが飲(の)みたいですね。
　오늘은 더워서, 시원한 맥주가 마시고 싶군요.

☆　お風呂(ふろ)上(あ)がりの冷(ひ)えたビールは最高(さいこう)です。
　목욕을 한 후의 시원한 맥주는 최고입니다.

冷(つめ)たい 차다, 차갑다　　かき氷(ごおり) 빙수　　涼(すず)しい 시원하다, 선선하다
部屋(へや) 방　　冷(ひ)える 식다, 차가워지다　　スイカ 수박
暑(あつ)い 덥다　　日(ひ) 날　　やっぱり 역시
お風呂(ふろ)上(あ)がり 목욕이 끝남

(친한 사이인데도) 섭섭하다

이런 말 있을까요?
名残惜しい

일본 사람은 이렇게 말해요!
水臭い

「名残惜(なごりお)しい」는 '헤어지기 섭섭하다'는 뜻으로, '친한 친구나 이웃 사이에 너무 예의나 격식을 차리거나 남처럼 대했을 때 섭섭하다'는 마음을 표현하고 싶을 때는「水臭(みずくさ)い」를 사용하는 것이 좋다.

A ご主人、部長に昇進したんですって？
B どうして知ってるの。
A 娘さんから聞いたわよ。水臭いわね。
　 すぐに教えてくれればよかったのに…。

A 남편, 부장으로 승진했다면서?
B 어떻게 알았어?
A 딸한테 들었어. 섭섭한데. 바로 알려 주었으면 좋았을 텐데…….

☆ お礼なんていらないわよ。水臭いわね～。
　 감사의 말 따위 필요 없어. 왠지 섭섭한걸～ [친한 사이인데 뭘 그런 걸～]

☆ 水臭いこと言わないでください。一緒に苦労した仲間じゃないですか。
　 섭섭한 말 하지 말아 주세요. 함께 고생해 온 동료잖아요 [함께 고생해 온 동료끼리 왜 그래……].

ご主人(しゅじん) (남의) 남편　　部長(ぶちょう) 부장(님)　　昇進(しょうしん) 승진
～って ~라면서요(*문장 끝에서 남의 말을 전달하는 뜻)　　どうして 어떻게, 왜
娘(むすめ)さん (남의) 딸　　聞(き)く 듣다, 묻다　　教(おし)える 가르치다
お礼(れい) 감사의 말[선물]　　苦労(くろう) 고생　　仲間(なかま) 동료
～じゃない (회화체로) ~잖아요, ~ 아냐?

episode 10 싫다

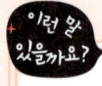
きらいだ ✗

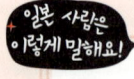
いやだ ○

「きらいだ 싫다」는 단지 '대상을 어떻게 느끼는가'라는 마음만을 표현하는 말로, 반대말은「好(す)きだ 좋아하다」이다.

반면에「いやだ 싫다」는 행동하는 것에 대하여 마음이 내키지 않을 때 쓰거나, 자신에게 영향이 있는 것에 대하여 부정적・소극적인 마음까지 표현하는 말로서 반대말은「いい 좋다」이다.

A イケメンが好きですが、結婚となると考えますね。
B イケメンでも、配慮のない人との結婚はいやですね。
A 結婚してもずっと大事にしてくれる人がいいですね。

A 꽃미남을 좋아하지만, 결혼하는 거라면 생각해 보게 되네요.
B 꽃미남이라도 배려가 없는 사람과의 결혼은 싫죠.
A 결혼해도 계속[변함없이] 소중하게 대해 주는 사람이 좋아요.

☆ 今日も仕事かぁ。嫌だなぁ。
오늘도 일인가……. 아~ 싫다, 정말…….

☆ 時にはパーティーに出るのも嫌ではない。
때로는 파티에 나가는 것도 싫지는 않다.

イケメン 잘생긴 남자, 꽃미남　　好(す)きだ 좋아하다　　結婚(けっこん) 결혼
考(かんが)える 생각하다　　配慮(はいりょ) 배려　　ずっと 계속
大事(だいじ)だ 소중하다　　出(で)る 나가다, 나오다

episode 11 잘 놀았어요

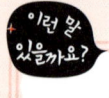
よく遊びました。

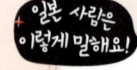
楽しかったです。

楽しかった。

한국어의 '잘 놀았어요'라는 표현을 일본어로 직역하여 「よく遊(あそ)びました。」라고 하면, '(어디 어디에서) 자주 놀았습니다'라는 뜻이 되므로, 이때는 「楽(たの)しかったです。즐거웠어요. 잘 놀았어요.」라고 해야 옳다.

A 今日(きょう)はいろいろありがとうございました。
B とんでもないです。楽(たの)しんでいただけましたか。
A はい、今日は本当(ほんとう)に楽しかったです。

A 오늘은 여러 가지로 감사했습니다.
B 별말씀을 다 하십니다. 즐거우셨어요?
A 네, 오늘은 정말 잘 놀았어요.

☆ ディズニーランド、すごく楽(たの)しかったよ!
디즈니랜드, 굉장히 즐거웠어!

☆ 楽(たの)しかった時間(じかん)は、夢(ゆめ)のように過(す)ぎていった。
즐거웠던 시간은 꿈처럼 지나갔다.

今日(きょう) 오늘	いろいろ 여러 가지	とんでもないです 천만의 말씀
입니다	楽(たの)しむ 즐기다, 즐겁게 지내다	
楽(たの)しい 즐겁다	夢(ゆめ) 꿈	過(す)ぎる 지나가다

episode 12 속이 시원하다

中が涼しい ✗

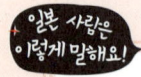
うまい ○

おいしい

한국 사람이 뜨거운 국물을 먹고 '아, 시원하다'라고 하는 것은 일본 사람이 볼 때 이해하기 어려운 말일 것이다. 이럴 때 일본 사람은「いや、うまい! 이야, 맛있다!」또는「おいしい。맛있다。」라고 말한다. 그리고 한국 사람은 욕조에 들어가서도 '아, 시원하다'라고 하는데, 일본 사람은「あ〜、気持(きも)ちいい。아〜 기분 좋다。」라고 표현한다.

A いや、うまい!

B 今日(きょう)のチリ鍋(なべ)、スープもおいしいですね。

C いい味(あじ)が出(で)ていますね。作(つく)り方(かた)を教(おし)えてください。

A 이야~, 속이 시원하다[맛있다]!
B 오늘의 지리(맑은 탕), 국물도 맛있네요.
C 담백한 맛이 나는군요. 만드는 방법을 가르쳐 주세요.

☆ あそこの店(みせ)、めっちゃうまい[おいしい]よ。今度(こんど)一緒(いっしょ)に行(い)こうよ。

그 가게 (음식), 엄청 맛있어. 다음에 함께 가자.

☆ おいしいものを食(た)べているだけで幸(しあわ)せだ。

맛있는 것을 먹고 있는 것만으로 행복하다.

うまい 맛있다. 솜씨가 좋다 **チリ鍋**(なべ) 생선・두부・채소 따위를 냄비에 끓여서 초간장에 찍어 먹는 요리 (*鍋(なべ)는 냄비, 냄비 요리 [鍋料理(なべりょうり)]의 줄임말)

いい味(あじ) 좋은 맛, (여기서는) 담백한 맛   **作**(つく)**る** 만들다

동사 ます형+方(かた) 〜하는 방법   **教**(おし)**える** 가르치다

幸(しあわ)**せだ** 행복하다

기타

	이런 말 있을까요? ✗	일본 사람은 이렇게 말해요! ○
키가 크다	背が大きい	背が高い
바람이 많이 불다	風が多く吹く	風が強く吹く
동갑	同じ年	同い年
내성적인 성격	内省的な性格	内気な性格
소용이 없다	所用がない	無駄だ
아이러니하게도	アイロニなことに	皮肉なことに
실력이 좋은 사람	実力のいい人	上手な人

내가 하는 말에
일본인이 인상을
찌푸린다면?

그런 일본어 없습니다

동사

14 보고 싶습니다
15 치마를 입다
16 커피를 끓이다
17 스트레스를 받다
18 냄새가 나다
19 배가 고픕니까?
20 피곤합니다
21 도와 드릴까요?
22 무시하다
23 공부를 잘합니다
24 자고 왔다
25 담배를 끊다
26 ~라고 생각합니다
27 간장이 떨어졌어!
28 모릅니다
29 알려 주세요
30 기타

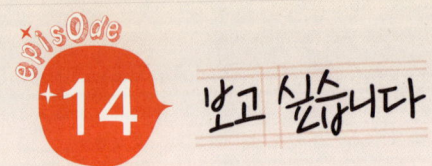

보고 싶습니다

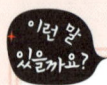
見(み)たいです。

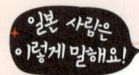
会(あ)いたいです。

会いたいよ。

「見(み)たい」는 '특정한 부분이나 특정한 무언가를 보고 싶다'는 말로서, 「映画(えいが)が見(み)たい。영화가 보고 싶다.」라고는 할 수 있지만, '만나고 싶다'라는 뜻으로는 쓰기 어렵다.
일본인 여자 친구와 통화 중에 「見(み)たくてたまらないよ。보고 싶어 죽겠어.」라고 말한다면, 「何(なに)が見(み)たいの、すけべ! 뭐가 보고 싶은 거야? 변태(색골)!」라며 당황해 할 것이다.

A ご家族(かぞく)もみんな行(い)きますか。

B いいえ、まずは私(わたし)だけが行きます。

A じゃ、単身赴任(たんしんふにん)ですね。お子(こ)さんに会(あ)いたくなったらどうしますか。

B それが一番(いちばん)の悩(なや)みです。

A 가족도 모두 갑니까?
B 아니요. 우선 저만 갑니다.
A 그럼. 단신 부임이군요. 자제분이 보고 싶어지면 어떻게 합니까?
B 그게 가장 큰 고민입니다.

☆ 家族(かぞく)に一目(ひとめ)会(あ)いたい。
가족을 한 번 만나고 싶다.

☆ 一度(いちど)お会(あ)いして、お礼(れい)が言(い)いたいです。
한번 만나 뵙고, 감사의 인사를 하고 싶습니다.

家族(かぞく) 가족　　みんな 모두　　まず 우선. 먼저
~だけ ~뿐. ~만　　単身赴任(たんしんふにん) 단신 부임
お子(こ)さん 자제분　　一番(いちばん) 가장　　悩(なや)み 고민
一目(ひとめ) 한 번 봄, 한눈에 다 봄　　お礼(れい) 감사의 인사[선물]

episode 15 치마를 입다

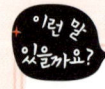
スカートを着る

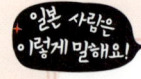
スカートをはく

아래로부터 입는 것은 동사「はく 입다」를 사용한다(신는 것도 역시 はく!!).
「パンツをはく 팬츠를 입다」, 「スカートをはく 스커트를 입다」, 「靴下(くつした)をはく 양말을 신다」, 「靴(くつ)をはく 구두를 신다」 등으로 쓰인다.

A いつもスカートをはいているのに今日(きょう)はズボンですね。
B どうですか。
A ズボンもとても似合(にあ)っていますよ。
B ありがとう。

A 항상 스커트를 입더니 오늘은 바지군요.
B 어떻습니까?
A 바지도 잘 어울려요.
B 고마워요.

☆ この前(まえ)買(か)ったスカートをはこうと思(おも)ったが、サイズが合(あ)わなかった。
일전에 산 스커트를 입으려고 했지만, 사이즈가 맞지 않았다.

☆ スカートをはくのと、ジーンズをはくのと、どっちが好(す)き?
스커트를 입는 것과 청바지를 입는 것 중 어느 쪽이 좋아?

いつも 언제나
今日(きょう) 오늘
合(あ)う 맞다, 어울리다
スカート 스커트
ズボン 바지
ジーンズ 청바지
〜のに 〜는데, 〜인데
似合(にあ)う 어울리다

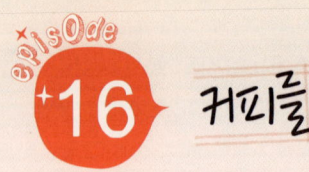
커피를 끓이다

コーヒーを入れます。

이런 말 있을까요?
コーヒーを沸かす ✗

일본 사람은 이렇게 말해요!
コーヒーを入れる ○

'커피를 끓이다'는 「わかす 끓이다」라는 동사를 쓰지 않고, 「入(い)れる」를 써서 「コーヒーを入れる」라고 한다.

A 飲み物は何にしますか。
B 僕はコーヒーがいいです。
C 僕もコーヒーでいいです。
A じゃ、コーヒーを入れます。
D 私はコーヒーはいいです。水ください。

A 마실 것은 무엇으로 할래요?
B 나는 커피가 좋습니다.
C 나도 커피로 해 주세요.
A 그럼, 커피를 끓이겠습니다.
D 저는 커피는 됐어요. 물 주세요.

☆ コーヒー入れようか。砂糖とミルクも入れる?
커피 끓일까? 설탕과 밀크도 넣어?

☆ おいしいコーヒーの入れ方を知っていますか。
맛있는 커피 끓이는 방법을 알고 있습니까?

飲(の)み物(もの) 마실 것　　僕(ぼく) 나, 저　　水(みず) 물
砂糖(さとう) 설탕　　知(し)る 알다

Tip 「〜がいいです」는 '원하는 것은 〜입니다'라는 뜻이고, 「〜でいいです」는 조금 사양하는 투로 말할 때 사용하며, 「〜はいいです」는 '〜은 필요 없다'라고 하는 뜻이다.

스트레스를 받다

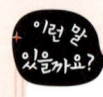
ストレスをもらう ✗

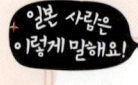
ストレスを受（う）ける ○

「もらう」는 구체적인 물건을 건네받을 때 쓰며, 「受(う)ける」는 추상명사에 쓴다.

예) お金かねをもらう。 돈을 받다.

プレゼントをもらう。 선물을 받다.

愛あいを受うける。 사랑을 받다.

診察しんさつを受うける。 진찰을 받다.

歓迎かんげいを受うける。 환영을 받다.

試験しけんを受うける。 시험을 치르다.

A どんな時とき、ストレスを受うけますか。

B 仕事しごとがうまくいかない時ですね。

A そんな時、どうしますか。

B 運動うんどうして汗あせをながして、気分転換きぶんてんかんします。

A 어떤 때 스트레스를 받습니까?
B 일이 잘되지 않을 때요.
A 그럴 때 어떻게 합니까?
B 운동해서 땀을 흘리고 기분 전환합니다.

☆ ストレスを受うけやすい人ひとは、病気びょうきになりやすい。
스트레스를 받기 쉬운 사람은 병에 걸리기 쉽다.

☆ たくさんの愛あいを受うけたので、恩返おんがえししたいです。
많은 사랑을 받았기 때문에 보답하고 싶습니다.

もらう 받다   受(う)ける 받다   うまくいかない (일이나 인간관
계가) 잘되지 않다 (*うまくいく의 부정형)   汗(あせ)をながす 땀을 흘리다

気分転換(きぶんてんかん) 기분 전환   病気(びょうき) 병

恩返(おんがえ)し 은혜를 갚음

episode 18 냄새가 나다

においが出る ✗

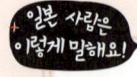
においがする ○

감각기관으로 파악되는 현상을 말할 때, 즉 냄새·향기·맛·소리 등을 느끼거나 난다고 할 때는 「~がする」를 사용해야 한다.

예) 좋은 향기가 나다. → いい香(かお)りがする。
바람 소리가 나다. → 風(かぜ)の音(おと)がする。
아이들의 목소리가 나다. → 子供(こども)の声(こえ)がする。
이상한 맛이 나다. → 変(へん)な味(あじ)がする。

A なんかこげくさいにおいがしますね。
B あっ、フライパンに火(ひ)をつけたままだった。
A 早(はや)く気(き)がついてよかった。
　下手(へた)したら火事(かじ)になるところだったね。

A 무언가 타는 냄새가 나요.
B 앗, 프라이팬에 불을 붙여 놓은 채로 뒀었네.
A 일찍 알게 돼서 다행이네요. 자칫하면 화재가 날 뻔했어요.

☆ 動物(どうぶつ)のにおいがする。何(なに)か飼ってるの?
동물 냄새가 난다. 뭐 기르고 있어?

☆ お母(かあ)さん、晩(ばん)ご飯(はん)はカレー? いいにおいがするね!
엄마, 저녁밥은 카레야? 좋은 냄새가 나네!

なんか 왠지	こげくさい 탄내가 나다	火(ひ)をつける 불을 켜다
동사 과거형 + まま ~한 채	気(き)がつく 깨닫다, 알아차리다	
下手(へた)したら 잘못하면	火事(かじ) 화재	동사 기본형 + ところだ ~할 뻔하다
飼(か)う 기르다	晩(ばん)ご飯(はん) 저녁밥	

episode 19 배가 고픕니까?

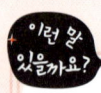

お腹がすきますか。　✗

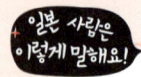

お腹がすきましたか。　○

お腹がすいていますか。

お腹すいた?

腹へった?

1. 腹(はら)의 정중한 말은「お腹(はら)」가 아니라,「お腹(なか)」이다.
2.「お腹がすきます。」는 '배가 고픕니다'라는 뜻이 아니라 '배가 고파지다'이다. '배가 고픕니다'라고 할 때는「お腹がすきました。」또는「お腹がすいています。」라고 해야 한다. 같은 뜻으로「腹(はら)がへりました。」,「腹がへっています。」,「お腹(なか)がペコペコです。」가 있다.

A お腹が空きましたか。
B はい、お腹がペコペコです。
C おれも腹がへって死にそうだ。

A 배가 고픕니까?
B 네, 배가 너무 고파요.
C 나도 배가 고파 죽을 지경이야.

☆ もう12時なんだ！お腹すいたね。今日はラーメンを食べに行こうよ。
벌써 12시야. 배고프네. 오늘은 라면을 먹으러 가자.

☆「腹がへっては戦ができぬ」って言うでしょう。しっかり食べましょう。
'배가 고프면 싸울 수 없다[아무 일도 할 수 없다]'고 하잖아요. 제대로 먹자고요.

空(す)く (속이) 비다　　おれ 나　　死(し)ぬ 죽다
동사 ます형 + そうだ ~할 것 같다　　戦(いくさ) 전투, 싸움
しっかり 확실히, 단단히, 착실히

피곤합니다

이번 정차 역은 OOO 입니다.
이번 정차 역은 OOO 입니다.

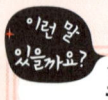 疲(つか)れます。　✗

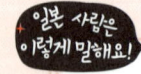 疲(つか)れています。　○

疲れました。

疲れた。

「疲(つか)れる」도 일본어 학습자가 자주 혼동하는 동사로, '피곤하다'가 아니라 '피곤해지다'라는 뜻이다.
'피곤하다'라고 표현할 때는 「疲(つか)れている」 또는 「疲(つか)れた」로 말해야 한다.
「疲(つか)れがたまる 피로가 쌓이다」, 「疲(つか)れがとれる 피곤이 가시다」도 많이 쓰이는 표현이니 알아 두도록 한다.

A みんな、なんか顔色が悪いですね。
B 三日間、飲みすぎて疲れています。
C 三日間、家族サービスで疲れました。

A 모두들, 왠지 안색이 안 좋네요.
B 삼일 동안 과음해서 피곤합니다.
C 삼일 동안 가족 서비스로 지쳤습니다.

☆ 毎日残業で疲れました。仕事やめたいです。
매일 잔업으로 피곤합니다. 일(을) 그만두고 싶어요.

☆ 疲れた時は、無理をしないのが一番です。
피곤할 때는 무리를 하지 않는 것이 가장 좋습니다.

みんな 모두 なんか 왠지 顔色(かおいろ) 얼굴색
悪(わる)い 나쁘다 ~間(かん) ~ 동안 동사 ます형 + すぎる 너무 ~하다
家族(かぞく) 가족 残業(ざんぎょう) 잔업 やめる 그만두다
無理(むり)をする 무리를 하다

도와 드릴까요?

助(たす)けましょうか。

お手伝(てつだ)いしましょうか。

お手伝おうか。

「助(たす)ける」는 상대가 위기 상황이나 아주 어려운 곤경에 처했을 경우 '돕는다'는 뜻이며, 「助(たす)かります。(기본형 助かる)」는 도움을 받는 사람이 감사하다고 대답할 때 쓰는 표현이다.
「手伝(てつだ)う」는 상대가 무언가 힘든 일을 할 때나 난처한 경우에 '거들어 주다'의 뜻이므로, '도와 드릴까요?'라고 할 때에는 「お手伝(てつだ)いしましょうか。」라고 해야 한다.

A お忙(いそが)しそうですね。お手伝(てつだ)いしましょうか。
B いや、助(たす)かるな。じゃ、これよろしく。
A はい、かしこまりました。
B 晩飯(ばんめし)おごるよ。

A 바쁘신 것 같네요. 도와 드릴까요?
B 아 살았다[고마워요]. 그럼, 이것 부탁해요.
A 네, 알겠습니다.
B 저녁 한턱낼게요.

☆ そんなにいっぱい一人(ひとり)で大丈夫(だいじょうぶ)? 手伝(てつだ)おうか。
그렇게 한가득 혼자서 괜찮아? 도와줄까?

☆ 何(なに)か手伝(てつだ)いましょうか。何をしたらいいですか。
뭔가 도와 드릴까요? 무엇을 하면 됩니까?

忙(いそが)しい 바쁘다　　～そうです ～인 것 같습니다　　助(たす)かる 살아나다, 도움이 되다
かしこまる 알다　　晩飯(ばんめし) 저녁밥　　おごる 한턱내다
一人(ひとり)で 혼자서　　大丈夫(だいじょうぶ)だ 괜찮다

 무시하다

無視する

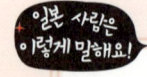
馬鹿にする

사물의 존재 의의나 가치를 알아주지 않을 때는 「無視(むし)する」를 사용하며, 사람을 깔보거나 업신여길 때는 「馬鹿(ばか)にする」를 사용한다.

예) 信号(しんごう)を無視(むし)する。 신호를 무시하다.

A 誕生日(たんじょうび)のケーキ、何(なに)がいい。
B ティラミスが食(た)べたいけど、韓国(かんこく)のケーキ屋(や)さんにはないだろ。
A 馬鹿(ばか)にしないでよ。ありますよ。
B マジ？じゃ、ティラミスがいいよ。

A 생일 케이크, 뭐가 좋아?
B 티라미수가 먹고 싶은데 한국 빵집에는 없지?
A 무시하지 말아요. 있어요.
B 진짜? 그럼, 티라미수가 좋아.

☆ 馬鹿(ばか)にしないほうがいいよ。後(あと)で痛(いた)い目(め)見(み)るよ。
무시하지 않는 편이 좋아. 나중에 따끔한 맛을 보게 될 거야.

☆ そんなことは無視(むし)してしまえ。
그런 것은 무시해 버려.

誕生日(たんじょうび) 생일　　～屋(や) ~ 가게, ~ 가게 주인　　馬鹿(ばか) 바보
マジ 진짜, 정말　　後(あと)で 나중에　　痛(いた)い目(め)を見(み)る 따끔한 맛을 보다

Tip
티라미수 : 생크림을 넣은 크림치즈와 커피, 리큐르를 스며들게 한 스펀지케이크를 겹쳐 만든 것. 1990년부터 1991년에 걸쳐, 일본에서 굉장한 인기를 얻었다.

공부를 잘합니다

공부가 가장 쉬워요~

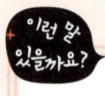
勉強が上手です。 ✗

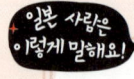
勉強ができます。 ○

「勉強(べんきょう)が上手(じょうず)です。」는 잘못된 표현이고, 「勉強ができます。」라고 하는 것이 올바르다. 여기에서 「できる」의 뜻은 '할 수 있다'가 아니라, '잘하다'라는 뜻으로 쓰였다.
「できる」는 주로 '할 수 있다', '생기다', '다 되다'의 뜻으로 쓰이는 경우가 많다.

A お子さんに望むことは何ですか。
B 健康で勉強ができる子になってほしいです。
A 私は思いやりのある子になってほしいです。

A 자제분에게 바라는 것은 무엇입니까?
B 건강하고 공부를 잘하는 아이가 되었으면 좋겠어요.
A 저는 배려심이 있는 아이가 되었으면 해요.

☆ 東大に受かったんだって。中学生のころから勉強できたからな。

도쿄대학교에 합격했대요. 중학생 때부터 공부를 잘했으니까……

☆ 彼はスポーツも上手だし、勉強もできる。

그는 스포츠도 잘하고, 공부도 잘한다.

お子(こ)さん 자녀분, 자제분   望(のぞ)む 원하다   健康(けんこう) 건강
〜てほしい (상대방이) 〜해 주었으면 좋겠다   思(おも)いやり 배려
東大(とうだい) '도쿄대학'의 줄임말   受(う)かる 합격하다

자고 왔다

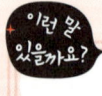
寝て来た。

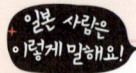
泊まって来た。

'자다'를 '숙박하다', '묵다'라는 뜻으로 쓸 때는 「寝(ね)る」가 아니라, 「泊(と)まる」로 써야 오해가 생기지 않는다.
「寝る」는 '숙박하다'의 뜻도 있지만, '(남자와 여자가) 자다'라는 뜻으로도 너무 많이 쓰이고 있기 때문이다.

A 昨日は友だちの家で泊まって来ました。
B 新婚なのに、家に帰らなかったんですか。
A 友だちの家で飲みすぎて、そのまま泊まったんです。

A 어제는 친구 집에서 자고 왔습니다.
B 신혼인데 집에 돌아가지 않았습니까?
A 친구 집에서 과음해서 그대로 잤어요.

☆ 昨日はどこで泊まってきたの? まさか駅で寝てないよね。
어제는 어디에서 자고 왔어? 설마 역에서 잔 건 아니지?

☆ 泊まってくる時は、連絡ください。
자고 올 때는 연락 주세요.

昨日(きのう) 어제　　新婚(しんこん) 신혼　　〜のに 〜는데, 〜인데
帰(かえ)る 돌아가다　　동사 ます형 + すぎる 너무 〜하다
そのまま 그대로　　泊(と)まる 숙박하다, 묵다　　まさか 설마

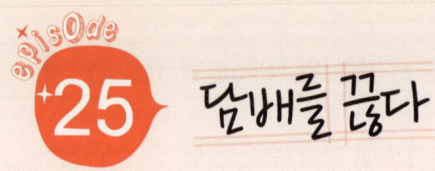

담배를 끊다

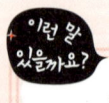
タバコを切る ✗

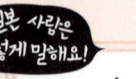
タバコをやめる ○

'물건을 절단하다'나 '(전화 등을) 끊다'라고 할 때는 「切(き)る」를 사용해야 하지만, '(담배, 술, 교제 등을) 끊다'라고 할 때에는 「やめる」를 써야 한다.

예) 髪かみを切きった。 머리를 잘랐다.

電話でんわを切きった。 전화를 끊었다.

酒さけをやめる。 술을 끊다.

交際こうさいをやめる。 교제를 끊다.

A 最近タバコを吸いませんね。やめたんですか。
B ええ、実は子供の誕生日のプレゼントなんですよ。
A 子供に禁煙することを約束したんですか。

A 최근 담배를 피우지 않는군요. 끊으셨어요?
B 예, 실은 아이의 생일 선물이에요.
A 아이에게 금연할 것을 약속했습니까?

☆ タバコ止めたんじゃなかったの? 肺癌になっても知らないよ。
담배 끊은 거 아니었어? 폐암에 걸려도 (난) 몰라.

☆ 彼は病気になってから、タバコを止めた。
그는 병에 걸리고 나서 담배를 끊었다.

最近(さいきん) 최근   タバコを吸(す)う 담배를 피우다
やめる 그만두다   実(じつ)は 실은   子供(こども) 아이
誕生日(たんじょうび) 생일   禁煙(きんえん) 금연   約束(やくそく) 약속
肺癌(はいがん) 폐암

~라고 생각합니다

~と考えます。　　　✗

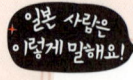
~と思います。　　　○

「思(おも)う」와「考(かんが)える」는 둘 다 '생각하다'라는 뜻이지만, 어떤 대상에 대해서 '감정적·감각적·정서적인 생각'일 때는「思う」를 쓰고, '논리적 사고', '지적 능력'을 나타낼 때는「考える」를 쓴다.
따라서 개인·자신의 의견을 말할 때는「~と思います」를 사용해야 한다.

예) いつも彼(かれ)のことを思(おも)っています。 언제나 그를 생각하고 있습니다.
何(なに)を考(かんが)えていますか。 무슨 생각하고 있습니까?

A 2月12日はダーウィンの誕生200周年だったそうですね。
B それはそうと、進化論は間違っていると思います。
  先祖がサルだと気持ち悪いですよ。
A サルと人間のDNAは違いますからね。

A 2월 12일은 다윈의 탄생 200주년이었다고 하네요.
B 그건 그렇고, 진화론은 틀렸다고 생각합니다. 조상이 원숭이라면 기분 나빠요.
A 원숭이와 인간의 DNA는 다르니까요.

☆ 彼はしっかりした人だから、心配要らないと思いますよ。
그는 야무진 사람이니까, 걱정할 필요 없다고 생각해요.

☆ すでにご存知かと思いますが、私たち結婚しました。
이미 알고 계실 거라고 생각합니다만, 저희들 결혼했습니다.

~周年(しゅうねん) ~주년　　進化論(しんかろん) 진화론　　間違(まちが)う 틀리다
先祖(せんぞ) 선조　　サル 원숭이　　気持(きも)ち悪(わる)い 기분 나쁘다
人間(にんげん) 인간　　違(ちが)う 다르다　　要(い)る 필요하다
すでに 이미　　ご存知(ぞんじ) 알고 계심

간장이 떨어졌어!

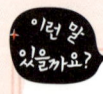
醤油が落ちている。

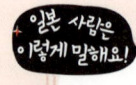
醤油が切れている。

「切(き)れる」는 대표적인 뜻이 '잘리다'이지만, 전부 팔리거나 다 써서 지금까지 있던 것이 없어졌을 때 쓰는 단어이기도 하다.

예) 電球(でんきゅう)が切(き)れる。 전구가 끊어지다.

さとうは品切(しなぎれ)になった。 설탕은 품절이 되었다.

A 醤油(しょうゆ)、お願(ねが)いします。

B あら、醤油が切(き)れてるわ。
悪(わる)いけど、待(ま)ってて。すぐ買(か)って来(こ)させるわ。

A ついでに、豆腐(とうふ)もお願いします。

A 간장 부탁해요.
B 어머, 간장이 떨어졌네. 미안하지만 좀 기다려 줘. 곧 사 오게 할게요.
A 하는 김에 두부도 부탁해요.

☆ ガソリンが切(き)れそうだ。次(つぎ)のガソリンスタンドで入(い)れないと。

기름이 떨어질 거 같아. 다음 주유소에서 넣어야겠어.

☆ その本(ほん)は今(いま)、品切(しなぎれ)です。一週間(いっしゅうかん)ほどお待(ま)ちいただかないと。

그 책은 지금 품절입니다. 일주일 정도 기다리시지 않으면 (안 됩니다)…….

醤油(しょうゆ) 간장	あら 어머	悪(わる)い 나쁘다, 미안하다
待(ま)つ 기다리다	すぐ 곧, 바로	買(か)う 사다
来(こ)させる 오게 하다 (*来(く)る의 사역형)		ついでに 하는 김에
豆腐(とうふ) 두부	ガソリンスタンド 주유소	入(い)れる 넣다
品切(しなぎれ) 품절		

 모릅니다

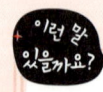
知っていません。　✗

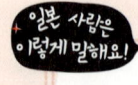
知りません。　○

「知(し)る 알다」는 참 특이한 동사이다.
'압니까?'라고 할 때는 언제나 「知っていますか。알고 있습니까?」라고 해야 하며, 알고 있으면 「はい、知っています。예, 알고 있습니다.」 모르면 「いいえ、知りません。아니요, 모릅니다.」으로 대답해야 한다.

 知(し)ります (×)　　知(し)りますか (×)　　知(し)っていません (×)

A 鈴木(すずき)さんはノートパソコンを持(も)っていますか。
B いいえ、まだ持っていません。1台(だい)ほしいですね。
A どこのがいいか、知(し)っていますか。
B いいえ、詳(くわ)しいことは知りません。

A 스즈키 씨는 노트북을 가지고 있습니까?
B 아니요, 아직 없어요. 한 대 있었으면 좋겠어요.
A 어디 것이 좋은지 알아요?
B 아니요, 자세한 것은 모릅니다.

☆ あの女優(じょゆう)さん、かなり有名(ゆうめい)だよ。知(し)らないの!?
저 여배우, 꽤 유명해. 몰라!?

☆ 迷子(まいご)の犬(いぬ)を探(さが)しています。タローを知(し)りませんか。
길 잃은 강아지를 찾고 있습니다. 타로를 모르십니까?

ノートパソコン 노트북 (*컴퓨터는 그냥 パソコン이라고 한다)
持(も)つ 가지다, 들다　　まだ 아직　　～台(だい) ~ 대
ほしい 원하다, 갖고 싶다　　詳(くわ)しい 자세하다, 잘 알고 있다
かなり 꽤, 상당히　　迷子(まいご) 미아　　探(さが)す 찾다

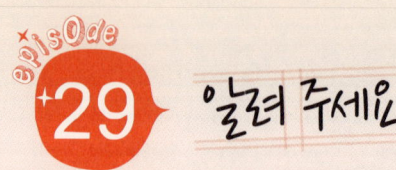 알려 주세요

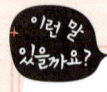
知らせてください。

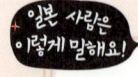
教えてください。

이름, 전화번호, 주소 등을 '알려 주세요'라고 할 때는, 동사「知(し)らせる 알리다, 통지하다」를 사용하지 않고,「教(おし)える 가르치다」를 써서,「教えてください。」라고 해야 한다.

일본의 수타 우동(사누키 우동)을 그대로 재현하고 있는 우동집이 분당에 있다. 그곳 사장님은 가가와 현의 우동집에서 일하며 기술을 배워온 분이라고 한다.

A 日本の故郷はどちらですか。
B 香川県です。さぬきうどんが有名な所です。
A さぬきうどんというと、ブンダンに有名なお店がありますね。
B 本当ですか。店の名前と場所を教えてください。

A 일본 고향은 어디십니까?
B 가가와 현입니다. 사누키 우동이 유명한 곳입니다.
A 사누키 우동이라면, 분당에 유명한 가게가 있죠.
B 정말이에요? 가게 이름과 위치를 알려 주세요.

☆ この問題の答えが分からないんです。教えてください。
이 문제의 답을 모르겠습니다. 가르쳐 주세요.

☆ 本当のことを教えてください。大体のことは分かっています。
진실을 알려 주세요. 대강은 알고 있습니다.

故郷(ふるさと) 고향	さぬき 가가와 현(香川県)의 옛날 지명	
有名(ゆうめい)だ 유명하다	所(ところ) 곳, 장소	~というと ~(이)라고 하면
店(みせ) 가게	名前(なまえ) 이름	場所(ばしょ) 장소
答(こた)え 해답	大体(だいたい) 대강, 대부분	

기타

	이런 말 있을까요? ✗	일본 사람은 이렇게 말해요! ○
목이 갔어요	のどが行きました。	のどがかれました。
의심이 풀리다	疑いが解ける	疑いが晴れる
(파일을) 저장하다	貯蔵する	保存する
자리 있어요?	席あいますか。	この席、空いていますか。
택시를 잡다	タクシーをつかむ	タクシーを拾う
착수하다	着手する	乗り出す
잘 만들었네요	よく作っていますね。	よくできていますね。
생각나다	考え出る	思い出す

내가 하는 말에
일본인이 인상을
찌푸린다면?

그런 일본어 없습니다

부사

31 꼭 ~하겠습니다
32 최근
33 더 이상
34 어떻게
35 순서대로
36 우연히
37 처음입니까?
38 여기저기
39 차라리
40 진짜로
41 기타

 꼭 ~하겠습니다

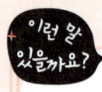
ぜひ～ます。　✗

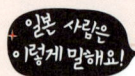
きっと～ます。　○

必ず(かなら)～ます。

'결의'나 '추측'은 「きっと 꼭」를 쓰고, '희망'은 「ぜひ 꼭」를 쓴다.
따라서 「きっと」는 「〜ます」,「〜です」,「〜でしょう」와 함께 쓰이는 일이 많고, 「ぜひ」는 「〜たい」, 「〜てほしい」 등과 어울리는 일이 많다.
그리고 '자연법칙・논리・습관' 등에는 「必(かなら)ず 꼭」를 사용한다.

예) 明日(あした)はきっと来(く)るでしょう。 내일은 분명 올 것입니다. – 추측

ぜひ日本(にほん)に行(い)ってみたい。 꼭 일본에 가고 싶다. – 희망

春(はる)になると、必(かなら)ず桜(さくら)の花(はな)が咲(さ)く。 봄이 되면 반드시 벚꽃이 핀다. – 자연법칙

A 今度(こんど)の試験(しけん)、きっと合格(ごうかく)して見(み)せます。
そして来年(らいねん)、必(かなら)ず日本(にほん)に行(い)きます。

B 毎日勉強(まいにちべんきょう)してるから、きっと受(う)かりますよ。
日本に行ってぜひ夢(ゆめ)を実現(じつげん)してくださいね。

A 이번 시험, 꼭 합격해 보이겠습니다.
그리고 내년에 반드시 일본에 가겠습니다.
B 매일 공부하고 있으니까, 꼭 합격할 거예요.
일본에 가서 꼭 꿈을 이루세요.

☆ きっともうすぐいい人(ひと)が現(あらわ)れるから、焦(あせ)らないでね。
반드시 곧 있으면 좋은 사람이 나타날 테니까 초조해 하지 마.

☆ 彼女(かのじょ)は、きっといつか願(ねが)いが叶(かな)うと信(しん)じている。
그녀는 반드시 언젠가 소원이 이루어진다고 믿고 있다.

今度(こんど) 이번, 다음 試験(しけん) 시험 合格(ごうかく) 합격
見(み)せる 보이다 来年(らいねん) 내년 毎日(まいにち) 매일
勉強(べんきょう)する 공부하다 受(う)かる 합격하다 夢(ゆめ) 꿈
実現(じつげん) 실현 現(あらわ)れる 나타나다 焦(あせ)る 초조해 하다
願(ねが)い 바람, 소원 叶(かな)う 이루어지다 信(しん)じる 믿다

episode 32 최근

近(ちか)ごろ

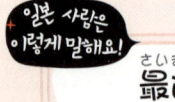
最近(さいきん)

「このごろ　よず음」와 「近(ちか)ごろ 최근」는 '상태', '계속·반복되는 동작'과 함께 쓰지만, '1회로 한정'되거나, '순간적 현상'에는 사용할 수 없다.
반면, 「最近(さいきん) 최근」은 어떤 경우에도 사용할 수 있다.

A 珍しい服ですね。何で作られているんですか。
B 着物をリフォームして作ったそうです。
　最近、日本の母が送ってくれました。

A 보기 드문 옷이군요. 무엇으로 만들어졌나요?
B 기모노를 리폼해서 만들었다고 합니다.
　최근에 일본에 계신 어머니가 보내왔어요.

☆ 最近、日本では韓流スターが人気です。
최근 일본에서는 한류스타가 인기입니다.

☆ 彼は最近機嫌がいい。何かいい事があったのかな?
그는 요즘 기분이 좋다. 무슨 좋은 일이라도 있는 걸까?

珍(めずら)しい 드물다　　服(ふく) 옷　　作(つく)られる 만들어지다
(*作(つく)る의 수동형)　　着物(きもの) 전통 일본 옷(=和服(わふく))
リフォーム 리폼, 다시 만드는 것(reform)　　送(おく)る 보내다, 바래다주다
機嫌(きげん) 기분

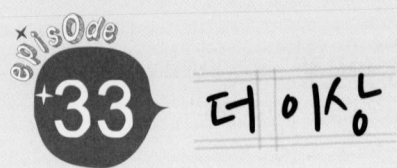
더 이상

もう以上

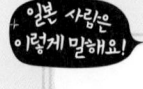
もうこれ以上

부사「もう」에는 '이제, 이미, 벌써' 이외에 '더(수량)'라는 뜻도 있다. '한 번 더'는「もう一度(いちど)」, '조금 더'는「もう少(すこ)し」, '한 잔 더'는「もう一杯(いっぱい)」이다. 하지만 '더 이상'은「もう以上」가 아니라,「もうこれ以上」이므로 주의한다.

A ああ、おいしかったです。
B そうですか。じゃ、もう少(すこ)しどうですか。
A ありがとうございます。でもお腹(なか)が一杯(いっぱい)で、もうこれ以上(いじょう)食(た)べられません。ごちそうさまでした。

A 아~, 맛있었습니다.
B 그래요? 그럼, 조금 더 어때요?
A 감사합니다. 그렇지만 배가 불러서, 이제 더 이상 먹을 수 없습니다. 잘 먹었습니다.

☆ もうこれ以上(いじょう)飲(の)まないほうがいいよ。
이제 더 이상 마시지 않는 편이 좋아.

☆ 難(むずか)しい問題(もんだい)だ。もうこれ以上(いじょうかんが)考えられない。
어려운 문제야. 더 이상 생각할 수가 없어.

おいしい 맛있다	どうですか 어떻습니까?	お腹(なか) 배
一杯(いっぱい) 가득, 한 잔	ごちそうさまでした 잘 먹었습니다	
飲(の)む 마시다	難(むずか)しい 어렵다	考(かんが)える 생각하다

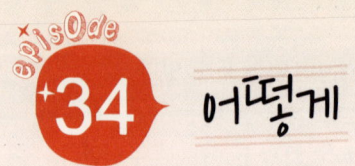

어떻게

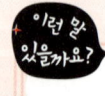
どうして

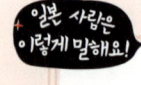
どうやって

「どうして」는 '왜, 어째서'라는 뜻으로, 「どうやって」의 '어떻게 (해서)'와 구별된다.

예) どうしてこんなに遅(おく)れましたか。어째서 이렇게 늦었습니까?
どうやって使(つか)えばいいですか。어떻게 사용하면 됩니까?

A 今度、家に遊びに来てください。
B はい、で、どうやって行けばいいですか。
A 何で来ますか。
B 地下鉄で行こうと思います。
A じゃ、3号線で金湖駅まで来てください。駅まで迎えに行きますから…。

A 다음에 우리 집에 놀러 오세요.
B 네, 그런데 어떻게 가면 됩니까?
A 무엇을 타고 옵니까?
B 지하철로 가려고 합니다.
A 그럼, 3호선으로 금호역까지 와 주세요. 역까지 마중 나갈 테니까요.

☆ どうやって頭(あたま)が良(よ)くなったの?
어떻게 머리가 좋아졌어?

☆ 壊(こわ)れたパソコン、どうやって直(なお)したんですか。
부서진 컴퓨터, 어떻게 고쳤습니까?

今度(こんど) 이번, 다음　　遊(あそ)ぶ 놀다　　地下鉄(ちかてつ) 지하철
~号線(ごうせん) ~호선　　迎(むか)える 마중 가다, 맞이하다
良(よ)い 좋다　　壊(こわ)れる 부서지다　　直(なお)す 고치다

순서대로

順序に

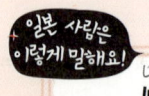
順番に

일본은 사회질서나 규칙을 지키는 면에 있어서는 세계 일등이 아닐까 생각한다. 반면, 규칙이나 룰에 묶여서 융통성이 없는 면도 있다. 또, 가정 안에서의 질서는 의외로 헐렁해서 한국 사람이 일본인 집을 방문해 놀라는 일도 많다고 한다.

A 人が並んでいますね。何かな。
B 今日はオープン記念で半額だそうですよ。
C あのう、割り込みしないで順番に並んでください。

A 사람들이 줄 서 있군요. 뭘까요?
B 오늘은 오픈 기념으로 반값이래요.
C 저기요, 끼어들기 하지 말고 순서대로 줄 서 주세요.

☆ 友だちどうしで順番におごった。
친구끼리 순서대로 한턱냈다.

☆ 大阪のおばちゃんは順番に並ぶことを知らない。
오사카 아줌마는 순서대로 줄 서는 것을 모른다.

人(ひと) 사람, 남 　並(なら)ぶ 줄을 서다, 늘어서다 　記念(きねん) 기념
半額(はんがく) 반액 　割(わ)り込(こ)み 끼어듦, 새치기
~どうし ~끼리, 사이 　おごる 한턱내다

우연히

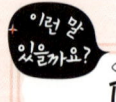
偶然に

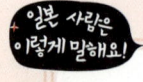
まぐれで

「偶然(ぐうぜん)」과「まぐれ」는 둘 다 '우연히'라는 뜻이지만,「偶然」은 '전혀 예상치 못한 일이 일어나는 경우'에 쓰고,「まぐれ」는 '운이 좋아서 좋은 결과가 나온 경우'에 쓴다.

A 今日の逆転ホームラン、すごかったですね。

B まぐれですよ。いつもチャンスで三振ばかりでしたからね。

A 監督が打席に入る前に何か言っていましたね。

B 「おもいっきり振ってこい」とおっしゃいました。いつもは「三振だけはするなよ」だったんですけど…。

A 오늘 역전 홈런, 대단했어요.
B 우연이에요. 언제나 찬스에서 삼진뿐이었으니까요.
A 감독이 타석에 들어가기 전에 뭔가 말했었죠?
B "힘껏 스윙 하고 와."라고 말씀하셨습니다.
평소에는 "삼진만은 하지 매"라고 하셨는데…….

☆ まぐれでクイズに当たりました。

우연히 퀴즈에 당첨되었습니다.

☆ 今回の受験は失敗すると思ってたのに、まぐれで合格した。

이번 수험은 실패할 거라고 생각하고 있었는데, 우연히 (운 좋게) 합격했다.

逆転(ぎゃくてん) 역전	三振(さんしん) 삼진	～ばかり ~뿐, ~만
監督(かんとく) 감독	打席(だせき) 타석	おもいっきり 마음껏
振(ふ)る 흔들다, 휘두르다	おっしゃる 말씀하시다 (*言(い)う의 존경어)	
동사 기본형＋な ~(하지) 마라	当(あ)たる 닿다, 적중하다, 해당하다	

 처음입니까?

はじめですか。　　　✗

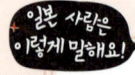
はじめてですか。　　○

はじめてなの。

「始(はじ)め 처음」는 '순서에 의한 처음', 「初(はじ)めて 처음」는 '경험에 의한 처음'을 뜻한다.

예) 今年(ことし)の始(はじ)めに日本(にほん)に行(い)きました。 올 초에 일본에 갔습니다.
初(はじ)めて日本(にほん)に行(い)きました。 처음 일본에 갔습니다.

A タクシー、乗(の)ってみましたか。
B はい。一度(いちど)乗ったことがあります。
A 韓国(かんこく)のタクシーは速(はや)いでしょう?
B ええ、ちょっと怖(こわ)かったです。160キロで走(はし)るタクシーは初(はじ)めてです。

A 택시는 타 보셨어요?
B 네, 한 번 탄 적이 있습니다.
A 한국 택시는 빠르죠?
B 예, 조금 무서웠습니다. 160km로 달리는 택시는 처음이에요.

☆ オーストラリアへ行(い)くのは初(はじ)めてですか。
호주에 가는 것은 처음입니까?

☆ 初(はじ)めてなので、使(つか)い方(かた)を教(おし)えてください。
처음이니까 사용 방법을 가르쳐 주세요.

タクシー 택시　　乗(の)る 타다　　一度(いちど) 한 번
동사 과거형 + ことがあります ~한 적이 있습니다　　速(はや)い (속도가) 빠르다
~でしょう ~일 것입니다. ~지요?　　怖(こわ)い 무섭다
走(はし)る 달리다　　使(つか)い方(かた) 사용법

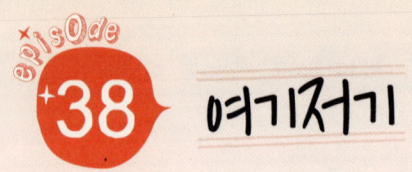

여기저기

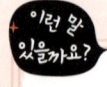
こっちあっち

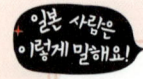
あっちこっち

다음은 한국어와 일본어의 어순(語順)이 다른 표현들이다.
- 좀 더 → もうちょっと (もう 더 + ちょっと 좀)
- 이쪽저쪽 → あっちこっち (あっち 저쪽 + こっち 이쪽)
- 이것저것 → あれこれ (あれ 저것 + これ 이것)
- 왔다리 갔다리 → 行(い)ったり来(き)たり (行ったり 갔다리 + 来たり 왔다리)
- 현모양처(賢母良妻) → 良妻賢母(りょうさいけんぼ) (良妻 양처 + 賢母 현모)

A コーヒーショップでちょっと休(やす)みましょうか。
B ええ。じゃ、あそこのスターバックスに入(はい)りましょうか。
A いいですね。
B それにしてもスターバックスはあっちこっちにありますね。

A 커피숍에서 조금 쉴까요?
B 예, 그럼, 저기 있는 스타벅스에 들어갈까요?
A 좋아요.
B 그건 그렇고 스타벅스는 여기저기에 있군요.

☆ あっちこっちウロウロしないでここに居(い)なさい！
여기저기 얼쩡거리지 말고 여기에 있어!

☆ この街(まち)は汚(きたな)い。ゴミがあっちこっちに散(ち)らばっている。
이 마을은 더럽다. 쓰레기가 여기저기에 널려져 있다.

休(やす)む 쉬다　　　동사 ます형 + ましょうか ~할까요?
あそこ 저기　　　入(はい)る 들어가다　　　それにしても 그건 그렇고, 그건
그렇다 하더라도　　　うろうろ 어슬렁어슬렁　　　汚(きたな)い 더럽다
散(ち)らばる 흩어지다

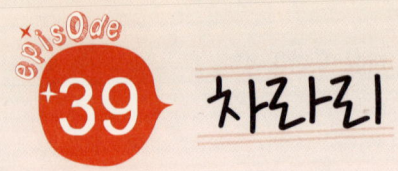

차라리

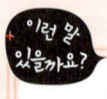
あっさり

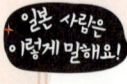
いっそ

한국어로 '앗싸리'는 '아예', '차라리'의 뜻으로 많이 쓰지만, 일본어「あっさり」는 '깨끗하게', '간단히', '산뜻하게', '담백하게' 등의 뜻으로 쓰인다.

예) あっさりとあきらめる。 깨끗이 단념하다.
あっさりした料理(りょうり) 담백한 요리

A どうした？ 顔色(かおいろ)が悪(わる)いぞ。
B まじめに頑張(がんば)ってもいいことないね。いっそ死(し)んでしまおうか。
A この野郎(やろう)、何(なに)言(い)ってんだよ。お前(まえ)よりもっと大変(たいへん)でも頑張っている人(ひと)もいるのに。

A 무슨 일이야? 얼굴색이 안 좋아.
B 성실하게 노력해도 좋은 일이 없네. 차라리 죽어 버릴까?
A 이놈이 무슨 소리를 하는 거야! 너보다 더 힘들어도 열심히 살고 있는 사람도 있는데.

☆ 日本語(にほんご)を勉強(べんきょう)したいの？ いっそのこと、日本(にほん)に行(い)っちゃえば？
일본어 공부하고 싶어? 차라리 일본에 가 버리면 (어때)?

☆ 今日(きょう)は学校(がっこう)へ行(い)く気(き)がしない。いっそ、休(やす)んでしまおう。
오늘은 학교에 갈 마음이 안 들어. 차라리 쉬어 버리자.

顔色(かおいろ) 얼굴색　　まじめだ 성실하다　　頑張(がんば)る 힘내다, 분발하다
死(し)ぬ 죽다　　野郎(やろう) 녀석, 놈　　言(い)う 말하다
お前(まえ) 너　　もっと 더　　大変(たいへん)だ 힘들다
～のに ～는데, ～인데　　～ちゃう ～해 버리다(*～てしまう의 회화체 표현)
気(き)がする 기분[느낌]이 들다

episode 40 진짜로

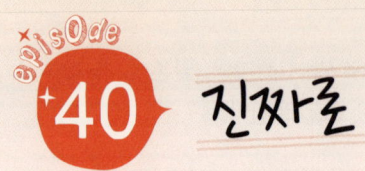 本当に ✗

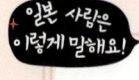 本気で ○

'진짜'에 해당하는 일본어는 「本物(ほんもの)」, 「本当(ほんとう)」, 「本気(ほんき)」가 있는데 각각의 쓰임이 미묘하게 다르다.

예) 本物(ほんもの)の真珠(しんじゅ) 진짜 진주

どの話(はなし)が本当(ほんとう)なのか。어느 말이 진짜일까[정말일까]?

本気(ほんき)で怒(おこ)った。진짜로[정말로] 화냈다.

A ジャマイカのボルト選手(せんしゅ)もすごかったですね。
B セレモニーしながら9秒(びょう)69の世界新記録(せかいしんきろく)でしたからね。
C あの時(とき)、最後(さいご)まで本気(ほんき)で走(はし)っていたら、9秒55も可能(かのう)だったそうですよ。

A 자메이카의 볼트 선수도 대단했지요.
B 세리머니하면서 9초 69의 세계신기록이었으니까요.
C 그때 끝까지 진짜로 달렸으면 9초 55도 가능했대요.

☆ 好(す)きなことなら本気(ほんき)でやれば必(かなら)ずできます。
좋아하는 거라면, 진심으로 하면 반드시 할 수 있습니다.

☆ 何(なん)でも本気(ほんき)でやってみなさい。
뭐든지 진짜로 한번 해 봐.

選手(せんしゅ) 선수	すごい 굉장하다	セレモニー 세리머니, 의식
~秒(びょう) ~초	世界新記録(せかいしんきろく) 세계신기록	
最後(さいご) 마지막	走(はし)る 달리다	可能(かのう) 가능

우사인 볼트(Usain Bolt)
1986년 8월 21일생, 키 196cm, 체중 86kg
베이징올림픽 육상 남자 100m, 200m, 계주 400m 금메달 획득

# 기타

	이런 말 있을까요? ✗	일본 사람은 이렇게 말해요! ○
많이 좋아지다	たくさんよくなる	ずいぶんよくなる
다른 약속이 없으면	ほかの約束(やくそく)がなければ	ほかに約束(やくそく)がなければ
계속	継続(けいぞく)	ずっと
눈 깜짝할 사이에	まばたきする間(あいだ)	あっという間(ま)に
충분히	充分(じゅうぶん)	十分(じゅうぶん)
[영화] 잘 봤어요	よく見(み)ました。	とてもよかったです。
다 왔어요	もう来(き)ました。	もうすぐ来(き)ます。
앞으로 2개월 남았네요	これから2ヶ月(かげつ)残(のこ)りましたね。	残(のこ)す所(ところ)あと2ヶ月(かげつ)ですね。
머지않아	遠(とお)くなくて	そのうち

내가 하는 말에
일본인이 인상을
찌푸린다면?

그런 일본어 없습니다

외래어

42 헬스
43 미팅
44 컵
45 파스
46 마마보이
47 저는 장롱면허예요
48 백(back)
49 립싱크
50 공주병
51 황금연휴
52 선물
53 일회용 밥(햇반)
54 원두커피
55 스카치테이프
56 입소문
57 기타

헬스

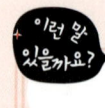
ヘルス

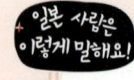
ジム (GYM)

フィットネスクラブ

일본에서 '헬스(ヘルス)'라고 하면 섹스 산업의 대표적인 곳이다. 한국인이 생각하는 운동을 위한 '헬스장'은 일본어로 「ジム」 또는 「フィットネスクラブ」라고 해야 한다. 잘못하면 큰 오해를 불러일으킬 만한 단어이므로 주의가 필요하다.

A 最近(さいきん)、運動不足(うんどうぶそく)なので会社(かいしゃ)が終(お)わってから週(しゅう)3回(かい)ヘルスに通(かよ)っています。ダイエットにもいいですよ。

B ええっ、うっそ！田中(たなか)さんはきれいな奥(おく)さんがいるのに、そんなところに通っているんですか。信(しん)じられない！

A ちょ、ちょっと待(ま)ってください。何(なん)の話(はなし)ですか。

A 요즘 운동 부족이라서 회사 끝나고, 주 3회 '헬스'에 다니고 있습니다. 다이어트에도 좋아요.
B 예? 진짜요? 다나카 씨는 아름다운 부인이 있으면서 그런 곳엘 다니고 있어요? 믿을 수 없네요.
A 자, 잠깐만요, 지금 무슨 얘기를 하는 거예요?

☆ 会社(かいしゃ)の近(ちか)くのジムで一汗(ひとあせ)かいてから出社(しゅっしゃ)しています。

회사 근처 헬스클럽에서 한바탕 땀을 흘리고 나서 출근하고 있습니다.

最近(さいきん) 최근　　**運動不足**(うんどうぶそく) 운동 부족
会社(かいしゃ) 회사　　**終**(お)**わる** 끝나다　　**通**(かよ)**う** 다니다
きれいだ 예쁘다, 깨끗하다　　**奥**(おく)**さん** (남의) 부인　　**信**(しん)**じる** 믿다
待(ま)**つ** 기다리다　　**話**(はなし) 이야기　　**一汗**(ひとあせ) 한바탕 땀을 흘림
出社(しゅっしゃ) 회사에 출근함

episOde 43 미팅

이런 말 있을까요?
ミーティング ✗

일본 사람은 이렇게 말해요!
合(ごう)コン ○

일본어의 「ミーティング(meeting)」는 '회의'라는 뜻이고, 한국에서 흔히 쓰는 남녀가 만나는 '미팅'에 해당하는 일본어는 「合(ごう)コン」이다. 「合コン」은 「合同(ごうどう)コンパ」의 준말로, 「合同」는 남녀 합동, 「コンパ」는 'company'에서 온 말이다.

A 明日は仕事をしますか。
B いいえ。会社が休みですから。
A じゃ、何をする予定ですか。
B 実は明日は合コンする予定なんですよ。

A 내일은 일을 하나요?
B 아니요. 회사가 휴일이라서요.
A 그럼, 무엇을 할 예정입니까?
B 실은 내일 미팅을 할 예정이에요.

☆ 妻とは学生時代に合コンで知りあいました。
아내와는 학생 시절에 미팅으로 알게 되었습니다.

☆ 彼は草食男子だから合コンには関心がないはずです。
그는 초식남이라서 미팅에는 관심이 없을 거예요.

明日(あした) 내일	仕事(しごと) 일	会社(かいしゃ) 회사
休(やす)み 휴일, 휴가	予定(よてい) 예정	実(じつ)は 사실은
妻(つま) 아내	知(し)り合(あ)う 서로 알다	～はず ～일 것

컵

이런 말 있을까요?
カップ ✗

일본 사람은 이렇게 말해요!
コップ ○

「カップ」와「コップ」의 차이는 손잡이가 있고 없음에 있다. 손잡이가 붙은 것이「カップ」이고 없는 것이「コップ」이다.「カップ」는 영어(cup)지만,「コップ」는 네덜란드어(kop)라고 하는 차이도 있다.

참고 マグカップ [일본조어 mug cup] 머그컵. 손잡이가 달린 원통형 컵.

A　すみません。コップありますか。

B　今(いま)、コーヒーカップしかないんですが。

A　いいですよ。水(みず)が飲(の)めれば。

B　はい、どうぞ。

A 저기요. 컵 있습니까?
B 지금 커피 컵밖에 없는데요.
A 괜찮아요. 물을 마실 수 있으면.
B 네, 여기요.

☆　取手(とって)があるのがカップで、ないのがコップです。
손잡이가 있는 것이 '캅푸'이고, 없는 것이 '콥푸'입니다.

☆　このマグカップはステンレスでできているから丈夫(じょうぶ)ですよ。
이 머그컵은 스테인리스로 만들어져 있어서 튼튼해요.

今(いま) 지금　　　～しかない ~밖에 없다　　　水(みず) 물
飲(の)む 마시다　　取手(とって) 손잡이　　丈夫(じょうぶ)だ 튼튼하다

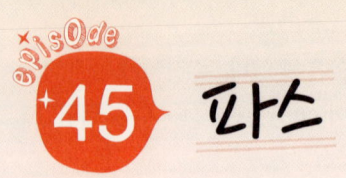
파스

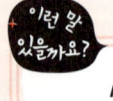 パス

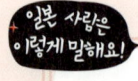 シップ

일본의 약국에서「パス(파스)」라고 하면 말이 통하지 않으므로,「シップ(십프)」라고 해야 한다. 그 외에「ナプキン(나프킨)」은 '생리대'라는 뜻으로 통하고 있으므로 주의하도록 한다.

- 薬局で -

A　すみません。シップありますか。

B　はい。塗るタイプと貼るタイプがございますが。どうなさいましたか。

A　足首をくじいたんです。

B　じゃ、こちらの貼るタイプのシップがいいですよ。

- 약국에서 -
A 저기, 파스 있습니까?
B 네, 바르는 타입과 붙이는 타입이 있습니다만⋯⋯. 어디가 아프십니까?
A 발목을 삐었어요.
B 그럼, 이쪽의 붙이는 타입이 좋겠네요.

薬局(やっきょく) 약국　　　塗(ぬ)る 바르다　　　貼(は)る 붙이다

ございます 있습니다(*ある의 존경어)　　　どう 어떻게

なさる 하시다(*する의 존경어)　　　足首(あしくび) 발목

くじく 삐다

episode 46 마마보이

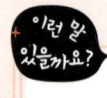
ママボーイ  ✗

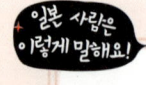
マザコン  ○

「マザコン」은 「マザーコンプレックス 머더 콤플렉스」를 줄인 말로, 아들이 어머니나 어머니와 비슷한 여성을 사모하는 심리적 경향을 말한다.

A 韓国の男性にもマザコンっているんですか。

B もちろんです。

C うちの主人も高速道路で車がパンクした時、母親に電話してるんだから。

A それって、結構ショッキングですね。

A 한국의 남성 중에도 마마보이가 있습니까?
B 물론이죠.
C 우리 남편도 고속도로에서 차가 펑크 났을 때, 시어머니에게 전화하고 있더라니까요.
A 어머, 그거 상당히 쇼킹하네요.

☆ 一人っ子が増えたせいでマザコンも増えた。
외아들이 증가한 탓에 마마보이도 늘었다.

男性(だんせい) 남성　　もちろん 물론　　うちの~ 우리 ~
主人(しゅじん) (자기) 남편　　高速道路(こうそくどうろ) 고속도로
パンク 펑크　　母親(ははおや) 어머니　　結構(けっこう) 상당히, 꽤
一人(ひとり)っ子(こ) 외동아이(외아들, 외딸)　　増(ふ)える 증가하다
~せいで ~탓으로

저는 장롱면허예요.

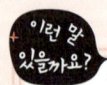
私はタンス免許です。

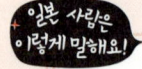
私はペーパードライバーです。

일본에서는 '자동차가 없어서 운전할 기회가 거의 없는 운전 면허증 취득자'를 「ペーパードライバー[일본조어 paper driver]」라고 한다. 일본은 한국의 주민등록증과 같은 것이 없기 때문에 자동차 면허증을 신분증 대신 쓰는 사람이 많다.

A 自動車の免許は持っていますか。
B ええ、大学生の時、取りました。
A それじゃ、運転歴は、もう20年ぐらいですね。
B いいえ、私はペーパードライバーなんです。

A 자동차 면허는 가지고 있습니까?
B 예, 대학생 때 취득했습니다.
A 그러면 운전 경력은 벌써 20년 정도군요.
B 아니요, 저는 장롱면허입니다.

☆ ペーパードライバーなので運転は無理だよ。
  장롱면허라서 운전은 무리야.

免許(めんきょ) 면허　　**持**(も)つ 가지다, 들다　　**取**(と)る (자격을) 따다
運転歴(うんてんれき) 운전 경력　　**無理**(むり) 무리

백 (back)

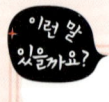
うしろ / 背景(はいけい)

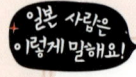
コネ

「コネ」는「コネクション(connection)」을 줄인 말로 '연고 관계', '연줄'의 뜻으로 쓴다. 생략하지 않고 그대로「コネクション」이라고 했을 경우는 '접속', '관계'라는 뜻으로 쓰인다. 일본도 한국과 마찬가지로 학교 성적이 좋지 않는데도, 친척이 대기업의 임원이라는 이유로 쉽게 취직이 되는 경우가 있다.

A 入社に必要な条件は。
B 学歴と実力と人間性じゃないですか。
C コネで入る人もけっこういますよ。

A 입사에 필요한 조건은?
B 학력과 실력과 인간성 아니에요?
C 연줄이 있어서 들어가는 사람도 꽤 있어요.

☆ コネがなければ就職もむずかしい。
백이 없으면 취직도 어렵다.

☆ この国ではコネが非常に重要です。
이 나라에서는 연줄이 대단히 중요합니다.

入社(にゅうしゃ) 입사   必要(ひつよう) 필요   条件(じょうけん) 조건
学歴(がくれき) 학력   実力(じつりょく) 실력   人間性(にんげんせい) 인간성
けっこう 상당히, 꽤   就職(しゅうしょく) 취직   非常(ひじょう)に 대단히, 매우
重要(じゅうよう)だ 중요하다

립싱크

リップシンク ✗

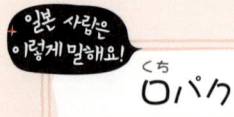

口パク ○
_{くち}

베이징 올림픽 개막식에서 아름다운 가성으로 많은 지구촌 TV 시청자들을 매료시킨 소녀가 실제는 '립싱크'로 노래했다고 개막식 음악 총감독이 고백했다. 외모가 예쁜 소녀를 개회식의 정식 무대에 세우고, 목소리가 아름다운 소녀가 무대 뒤에서 노래했다고 한다.

A 開幕式はなかなかすばらしかったですね。
B でも独唱した女の子、「口パク」だったんだって。
実際に歌っていたのは、別の女の子だって。
A じゃ、映画の「美女はつらい」と同じじゃん。

A 개막식은 꽤 훌륭했지요.
B 그런데 독창한 여자아이, '립싱크'였대요.
실제로 노래했던 애는 다른 여자아이래요.
A 그럼, 영화 〈미녀는 괴로워〉랑 같잖아요.

開幕式(かいまくしき) 개막식	なかなか 상당히, 꽤	すばらしい 훌륭하다
独唱(どくしょう) 독창	~って ~라면서요(*문장 끝에서 남의 말을 전달하는 뜻)	
実際(じっさい)に 실제로	歌(うた)う 노래를 부르다	別(べつ)の~ 다른 ~
映画(えいが) 영화	美女(びじょ) 미녀	つらい 괴롭다
同(おな)じだ 같다	~じゃん ~잖아	

episode 50 공주병

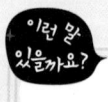
お姫様病
(ひめさまびょう)

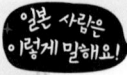
ナルシスト

姫様病(공주병)은 한국식 일본어 표현으로, 자아도취에 빠진 사람은「ナルシスト(narcissist)」라고 해야 한다. 젊은이들은「ナルちゃん」이나「ナルシー」라고도 한다.「ナルシスト」의 본래 의미는 '자신을 사랑하고, 자신을 성적 대상으로 하는 사람'이지만, '자아도취에 빠진 사람', '자만심이 강한 사람'의 의미로 쓰이고 있다.

A うちの娘は人見知りがひどくて…。
B うちの息子は恥ずかしがり屋で…。
C うちの娘はナルシストで…。
D みんな親に似てますね。

A 우리 딸은 낯가림이 심해서…….
B 우리 아들은 부끄럼을 잘 타서…….
C 우리 딸은 공주병이라서…….
D 모두 부모를 닮았군요.

☆ 美人なのはいいんだけど、ちょっとナルシストなのが玉にきずです。
미인인 것은 좋은데, 조금 공주병인 것이 옥에 티예요.

うちの〜 우리〜　　娘(むすめ) 딸　　人見知り(ひとみし)り 낯가림
ひどい 심하다　　息子(むすこ) 아들　　恥(は)ずかしい 부끄럽다
〜がり屋(や) 〜해 하는 사람　　親(おや) 부모　　似(に)る 닮다
美人(びじん) 미인　　玉(たま)にきず 옥에 티

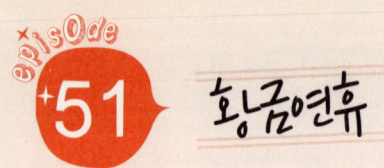

황금연휴

いよいよゴールデン・ウィークですね。

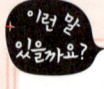
黄金連休 ✗

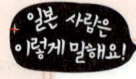
ゴールデン・ウィーク (GW) ○

'골든 위크(GW)'는 1951년 현재의 'GW'에 해당하는 기간에 상영된 영화가 정월이나 추석 때보다 히트한 것을 계기로 영화사가 만들어 낸 일본식 영어이다. NHK에서는 'GW'라는 말이 영화업계 용어였기 때문에, 특정 기업의 상표는 아니지만 업계의 선전이 될 우려가 있다고 해서「大型(おおがた)連休(れんきゅう) 대형 연휴」라는 말로 통일하고 있다.

A いよいよ日本はゴールデン・ウィークですね。
B GWっていうのは日本人が作った和製英語ですよ。
A あ、そうなんですか。知りませんでした。
B ちなみにNHKでは「大型連休」と言っていますよ。

A 드디어 일본은 황금연휴군요.
B '골든 위크'라는 것은 일본 사람이 만든 일본식 영어예요.
A 아, 그래요? 몰랐어요.
B 덧붙여서 말하면 NHK에서는 '대형 연휴'라고 말하고 있어요.

☆ 今年のゴールデンウィークは国内旅行でもしようか。
올해 황금연휴에는 국내 여행이라도 할까?

☆ 春だけじゃなくて秋にもゴールデンウィークがあります。
봄뿐만 아니라 가을에도 황금연휴가 있습니다.

いよいよ 마침내, 드디어	作(つく)る 만들다	和製英語(わせいえいご) 일본식 영어
ちなみに 덧붙여 말하면	大型(おおがた) 대형	連休(れんきゅう) 연휴
~だけじゃなくて ~뿐만 아니라		

111

 선물

おみやげ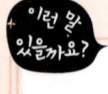

プレゼント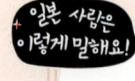

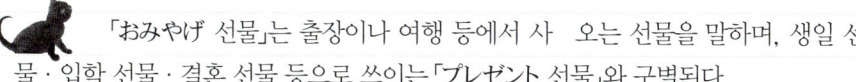

「おみやげ 선물」는 출장이나 여행 등에서 사 오는 선물을 말하며, 생일 선물·입학 선물·결혼 선물 등으로 쓰이는 「プレゼント 선물」와 구별된다.

예 誕生日(たんじょうび)のプレゼント 생일 선물
　　入学(にゅうがく)のプレゼント 입학 선물
　　結婚(けっこん)のプレゼント 결혼 선물

A　これ、おみやげです。どうぞ。
B　あれ、どこか行って来たんですか。
A　いいえ。今日、誕生日でしょう。
B　ああ、誕生日のプレゼントですか。覚えておいてくれたんですね。
　　うわあ！どうもありがとうございます。

A　이거, 선물이에요. 받으세요.
B　어라, 어디 갔다 오셨어요?
A　아뇨, 오늘 생일이잖아요.
B　아, 생일 선물이에요? 기억해 주셨네요. 와! 정말로 고마워요!

☆　もらったプレゼント、開(あ)けてもいい？
　　받은 선물, 열어 봐도 돼?

☆　クリスマス会(かい)でプレゼント交換(こうかん)をした。
　　크리스마스 모임에서 선물 교환을 했다.

どこか 어딘가　　今日(きょう) 오늘　　誕生日(たんじょうび) 생일
覚(おぼ)える 외우다, 기억하다　　もらう 받다　　開(あ)ける 열다
交換(こうかん) 교환

episOde 53 일회용 밥(햇반)

一回用ご飯(いっかいよう はん) ✗

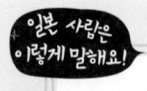
パックご飯(はん) ○

일본에서 톱을 차지하고 있는 '일회용 밥(햇반)'은 사토 식품공업 제품. 원래 학생이나 OL(Office Lady) 등 바쁜 젊은이를 타깃으로 주로 편의점에 비치했지만 전혀 팔리지 않았다. 시장조사에서 '혼자 생활하는 사람에게 딱 좋은 양, 남편이 부재중일 때 밥 짓는 것이 귀찮다'고 생각하는 주부나 고령자에게 수요가 있는 것으로 파악되어 대형슈퍼에서 팔았더니 대성공. 지금은 400억 엔의 매출을 자랑하는 히트 상품이다.

A パックご飯を食べたことがありますか。
B ええ、思ったよりおいしいのでびっくりしました。
C 日本では主婦や高齢者の方が、よく買うそうですよ。

A '햇반' 먹은 적 있어요?
B 네, 생각보다 맛있어서 놀랐습니다.
C 일본에서는 주부나 고령자가 많이들 산다고 해요.

☆ 今夜は夕飯一人で食べるから、パックご飯でいいや。
오늘 밤은 저녁밥 혼자서 먹으니까, 햇반으로 때우자.

☆ パックご飯はコンビニでも売っています。
햇반은 편의점에서도 팔고 있습니다.

동사 과거형+ことがある ~한 적이 있다 思(おも)ったより 생각했던 것보다
びっくりする 깜짝 놀라다   主婦(しゅふ) 주부   高齢者(こうれいしゃ) 고령자
~方(かた) ~분   よく 자주, 잘   買(か)う 사다
売(う)る 팔다

원두커피

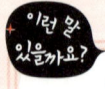 이런 말 있을까요?

原豆コーヒー

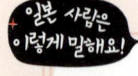 일본 사람은 이렇게 말해요!

レギュラーコーヒー

'원두커피'는 한국식 표현으로, 일본어로는「レギュラーコーヒー」라고 해야 한다.
- レギュラーコーヒー(regular coffee) : 커피 원두를 갈아서 더운 물로 추출한 커피
- インスタントコーヒー(instant coffee) : 인스턴트 커피
- ブレンドコーヒー(blend coffee) : 커피 원두를 여러 종류 혼합시킨 커피
- ストレートコーヒー(straight coffee) : 한 가지 커피 원두로만 만든 커피
- ブラックコーヒー(black coffee) : 커피에 아무것도 넣지 않은 것
- 焙煎豆(ばいせんまめ) : 생커피 원두를 가열 처리한 것(보통 소비자가 사는 것)

A すみません。「レギュラーコーヒー」って何ですか。
B 韓国語の「原豆(ウォンドゥ)コーヒー」のことです。
A そうですか。田中さんはコーヒーを飲む時、砂糖を入れますか。
B いいえ、私はブラックが好きですから、何も入れません。

A 저기요, 레귤러 커피가 뭡니까?
B 한국어의 '원두커피'를 말합니다.
A 그렇군요, 다나카 씨는 커피 마실 때 설탕을 넣습니까?
B 아뇨, 저는 블랙커피를 좋아해서, 아무것도 넣지 않습니다.

☆ コーヒーは「インスタントコーヒー」がいいですか。「レギュラーコーヒー」がいいですか。
커피는 '인스턴트 커피'가 좋습니까? '레귤러 커피'가 좋습니까?

☆ 手間のかかるレギュラーコーヒーのほうがおいしいです。
손이 많이 가는 레귤러 커피 쪽이 맛있습니다.

韓国語(かんこくご) 한국어　　**飲**(の)**む** 마시다　　**砂糖**(さとう) 설탕
入(い)**れる** 넣다　　**ブラック** 블랙(black)　　**何**(なに)**も** 아무것도
手間(てま) 노력, 시간, 수고

스카치테이프

スコッチテープ

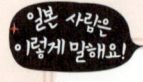
セロテープ

한국인이 흔히 말하는 스카치테이프(scotch tape)는 일본어로「セロテープ(cello tape)」라고 한다.「セロテープ」는 셀로판테이프(cellophane tape)를 줄여 만든 상품명이다.

A すいませんが、セロテープ貸(か)していただけませんか。

B セロテープ？ このスコッチテープならありますが…。

A あっ、それでいいです。どうもすいません。

B 日本語(にほんご)じゃ、セロテープって言(い)うんですね。

A 죄송합니다만, 셀로 테이프 좀 빌려 주시겠습니까?
B 셀로 테이프? 스카치테이프라면 있습니다만…….
A 아, 그걸로 됩니다. 정말 고맙습니다.
B 일본어로는 셀로 테이프라고 하는군요.

☆ 郵便局(ゆうびんきょく)に行(い)くついでに文房具屋(ぶんぼうぐや)でセロテープを買(か)ってきてください。
우체국에 가는 김에 문방구에서 스카치테이프를 사 와 주세요

すいません 미안합니다, 실례합니다, 감사합니다　　**貸(か)す** 빌려 주다
〜ていただけませんか 〜해 주시지 않겠습니까?　　**〜なら** 〜라면, 〜다면
〜じゃ 〜로는(*では의 회화체 표현으로 여기서는 '〜로는'으로 쓰였다)
〜って 〜라고　　**言(い)う** 말하다　　**〜ついでに** 〜하는 김에
文房具屋(ぶんぼうぐや) 문방구

Tip「セロテープ(cello tape)」는 '니치반'이라는 회사가 만든 최초의 일본산「セロハンテープ 셀로판테이프」의 상품명이라고 한다.

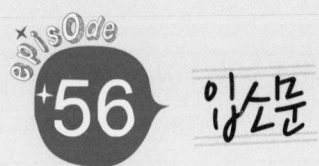
입소문

이런 말 있을까요?
口(くち)うわさ ✗

일본 사람은 이렇게 말해요!
口(くち)コミ ◯

'워낭소리'는 소 목에 달린 방울 소리를 말한다.
영화 〈워낭소리〉는 3년간 노부부와 소가 함께 생활하는 모습을 찍은 다큐멘터리 영화로, 개봉 46일 만에 관객 수가 200만 명을 넘었다. 〈과속스캔들〉, 〈라디오 스타〉, 〈미녀는 괴로워〉 등 잘 만든 영화는 「口(くち)コミ」만으로도 충분히 흥행할 수 있다는 것을 보여 주었다.

A 口コミで、見た人が200万人を超えたあの映画…。

B どんな映画ですか。

A いなかの老夫婦と牛のドキュメンタリー映画です。

B ああ、「ウォナンソリ」でしょう。泣けましたよ。

A 입소문으로 본 사람이 200만 명을 넘은 그 영화…….
B 어떤 영화입니까?
A 시골의 노부부와 소의 다큐멘터리 영화입니다.
B 아~ 〈워낭소리〉지요? 감동해서 눈물이 나왔어요.

☆ 口コミだけであんなに人気があるなんてすごいよね。

입소문만으로 저렇게 인기가 있다니 굉장하네.

☆ 口コミを侮ってはいけない。

입소문을 얕잡아 봐서는 안 된다.

超(こ)える 넘다	映画(えいが) 영화	いなか 시골
老夫婦(ろうふうふ) 노부부	牛(うし) 소	泣(な)ける 눈물 나올 만큼 감동하다
～なんて ～다니, ～라니	侮(あなど)る 얕보다, 업신여기다	

기타

	이런 말 있을까요? ✕	일본 사람은 이렇게 말해요! ○
(고속도로) 휴게소	休憩所(きゅうけいしょ)	サービス・エリア / パーキング・エリア
(계산대에서 받는) 비닐 봉투	ビニール袋(ぶくろ)	レジ袋(ぶくろ)
주유소	注油所	ガソリンスタンド
독감	毒感(どくかん)	インフルエンザ
뷔페	ビュッフェ	バイキング
아이쇼핑	アイ・ショッピング	ウィンドー・ショッピング
최고조	最高潮(さいこうちょう)	ピーク
만우절	万愚節	エイプリル・フール

내가 하는 말에 일본인이 인상을 찌푸린다면?

그런 일본어 없습니다

한자어

- 58 애인
- 59 총각
- 60 계산
- 61 화투
- 62 준비
- 63 사전
- 64 참석
- 65 역부족
- 66 저출산화
- 67 유통기한
- 68 사자성어
- 69 기타

애인

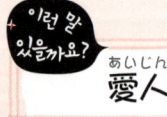
愛人

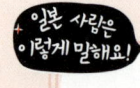
恋人

일본어의 「愛人(あいじん)」은 불륜 관계의 애인을 뜻하고, 보통 애인은 「恋人(こいびと)」라고 한다.
일본에서 남자가 '내 애인'이라고 말할 때는 「ぼくの彼女(かのじょ)」라고 하며, 여자는 「わたしの彼(かれ)」라고 한다.

A ぼくの愛人の写真です。かわいいでしょう。
B 恋人でしょう。まだ結婚もしていないのに、愛人がいたら大変でしょう。
彼女の写真はいつも持っているの。
A ええ、浮気しないようにいつも持っています。

A 내 애인 사진입니다. 귀엽죠?
B '고이비또'죠? 아직 결혼도 하지 않았는데 '정부'가 있으면 큰일이죠.
애인 사진은 항상 가지고 다녀요?
A 네, 바람을 피우지 않도록 항상 갖고 있어요.

☆ お口の恋人〇〇チョコレット♪
입(속)의 연인, 〇〇초콜릿♪

☆ 僕の恋人を紹介します。
제 애인을 소개하겠습니다.

写真(しゃしん) 사진　　結婚(けっこん) 결혼　　大変(たいへん)だ 큰일이다, 힘들다
持(も)つ 가지다, 들다　　浮気(うわき)する 바람피우다　　紹介(しょうかい) 소개

episode 59 총각

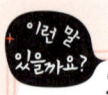
独身 ✗

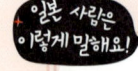
未婚 ○

チョンガー

한국에서 일본으로 건너간 말도 있다!!

예문의 「チョンガー 총각」라든지, 일본의 스모에서 사용하는 「ハッケヨイ 학케요이」도 한국어의 '할게요'가 변한 것이다. 그리고 짐을 함께 들어 올릴 때 사용하는 「せーの(세 −노)」도 한국어의 '하나, 둘, 셋, 넷'의 '셋, 넷'에서 왔다고 한다.

- 高校の同窓会で -

A　やあ、20年ぶりだな。どうして今まで一度も顔を見せなかったんだ。
B　ずーっと韓国にいたもんで。
A　そうか。じゃ、もしかして奥さんは韓国の人？
B　おれ、まだチョンガーなんだけど…。

- 고등학교 동창회에서 -
A 야~, 20년 만이네. 왜 지금까지 한 번도 얼굴을 안 비쳤어?
B 계속 한국에 있었거든.
A 그렇군. 그럼 혹시 부인은 한국인?
B 난 아직 총각이야…….

同窓会(どうそうかい) 동창회	**～ぶり** ~ 만에	**どうして** 왜
一度(いちど) 한 번	**顔**(かお) 얼굴	**見**(み)**せる** 보이다
ずっと 계속, 훨씬	**もしかして** 혹시	**奥**(おく)**さん** (남의) 부인
おれ 나		

 계산

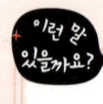
計算

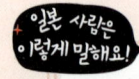
勘定

일본어의 「計算(けいさん)」은 수학적・산술적인 계산을 뜻하므로, 돈을 지불할 때는 「勘定(かんじょう)」 또는 「会計(かいけい)」를 사용해야 한다.

예) 会計(かいけい)は、ご一緒(いっしょ)でよろしいですか。계산은 함께 할까요?
相手(あいて)の動(うご)きを計算(けいさん)に入(い)れる。상대의 움직임을 계산에 넣다.

A 今日(きょう)もおいしかった。大満足(だいまんぞく)!
B お腹一杯(なかいっぱい)!
A おばちゃん、勘定(かんじょう)お願(ねが)いします。
B おごりですか。ごちそうさまでした。

A 오늘도 맛있었어요. 대만족!
B 배불러요.
A 아줌마, 계산 부탁합니다.
B 한턱내는 거예요? 잘 먹었습니다.

☆ 昨日(きのう)使(つか)った分(ぶん)のお金(かね)も勘定(かんじょう)に入(い)れてる?
어제 사용한 만큼의 돈도 계산에 넣었어?

☆ どんぶり勘定(かんじょう)で商売(しょうばい)しないでください。
주먹구구식으로 장사하지 말아 주세요.

今日(きょう) 오늘   大満足(だいまんぞく) 대만족   お腹(なか) 배
一杯(いっぱい) 가득, 한 잔   おばちゃん 아줌마   おごり 한턱냄(*おごる의 명사형)
どんぶり勘定(かんじょう) 주먹구구식 계산   商売(しょうばい) 장사

episode 61 화투

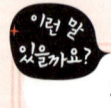
花闘 ✗

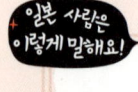
花札（はなふだ） ⭕

일본에서 한국으로 전해져 온 화투는 한국에서 대중적인 놀이가 되어서 명절이나 가족 모임, 친구끼리 모였을 때 하는 일상적인 놀이가 되었다. 일본에서는 옛날에 즐겨하던 놀이지만 지금은 게임 방식조차 모르는 사람이 많다.

A 任天堂のゲームは韓国でも大ヒットしましたね。

B ええ、地下鉄の中でも、結構やっていますね。

A 任天堂って、最初は花札を作る会社だったんだって。

A 닌텐도 게임은 한국에서도 대히트 했죠.
B 네, 지하철 안에서도 많이들 하고 있죠.
A 닌텐도는 처음에는 화투를 만드는 회사였대요.

☆ 日本人も昔は花札をしましたが、今はあまりしません。
일본인도 옛날에는 화투를 했습니다만, 지금은 별로 하지 않습니다.

☆ 花札はお金をかけるからおもしろい。
화투는 돈을 걸기 때문에 재밌다.

大(だい)ヒット 대히트   地下鉄(ちかてつ) 지하철   結構(けっこう) 꽤, 상당히
やる 하다, 주다   最初(さいしょ) 처음   作(つく)る 만들다
あまり〜ない 그다지〜않다   お金(かね)をかける 돈을 걸다

episode 62 준비

이런 말 있을까요?
準備(じゅんび) ✗

일본 사람은 이렇게 말해요!
用意(ようい) ○

'준비가 다 되어 바로 시작할 수 있는 상태'는 「用意(ようい) 준비」이며, '대규모 행사, 선거, 시험 등의 단계적인 계획이 필요한 경우'에는 「準備(じゅんび) 준비」이므로 구별하여 쓴다.

A 出かける用意はもう終わったの。

B うん。

A 財布もちゃんと持っているの。

B あっ、いけない。忘れていたよ。

A 나갈 준비는 다 끝났어?
B 응.
A 지갑도 제대로 챙겼어?
B 아, 큰일 날 뻔했네. 잊고 있었어.

☆ こんな物も持ってきたんだ。用意周到だね。
이런 것도 가지고 왔네. 용의주도한걸.

☆ 日本は地震が多いので、万が一に備えて防災セットを用意した。
일본은 지진이 많기 때문에 만에 하나를 대비해서 방재 세트를 준비했다.

出(で)かける 외출하다　　もう 이제, 이미, 더　　終(お)わる 끝나다
財布(さいふ) 지갑　　ちゃんと 제대로, 똑바로　　持(も)つ 가지다, 들다
いけない 큰일이다　　忘(わす)れる 잊다　　地震(じしん) 지진
万(まん)が一(いち) 만에 하나　　備(そな)える 대비하다　　防災(ぼうさい) 방재

# 사전

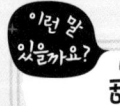 辞典

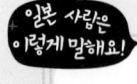 辞書

'한일사전(韓日辞典)', '일한사전(日韓辞典)' 등은 '○○辞典(じてん)'이라고 하지만, 그냥 '사전'이라고 할 때에는 「辞書(じしょ)」라고 해야 한다. 단, '백과사전'의 경우에는 「百科事典(ひゃっかじてん)」으로 한자도 달라지므로 주의한다.

A 悪いけど、その辞書、ちょっと貸して。
B いいですよ。でも、すぐ返してくださいよ。
A うん、すぐ終わるから。悪いね。

A 미안하지만, 그 사전 좀 빌려 줘.
B 좋아요. 하지만 바로 돌려주세요.
A 응. 금방 끝나니까. 미안해.

☆ 我が辞書に不可能という文字はない。
내 사전에 불가능이라는 단어는 없다.

☆ 意味がわからないなら、辞書を引いて調べてみたら。
의미를 모르면, 사전을 찾아서 조사해 보는 게 어때?

悪(わる)い 나쁘다, 미안하다 (*여기서는 '미안해요'라는 뜻이며, 윗사람에게는 사용할 수 없다)
ちょっと 잠깐, 약간   貸(か)す 빌려 주다   でも 하지만
すぐ 곧   返(かえ)す 되돌려 주다   終(お)わる 끝나다
我(わ)が 나의   文字(もじ) 문자   辞書(じしょ)を引(ひ)く 사전을 찾다
調(しら)べる 조사하다

 참석

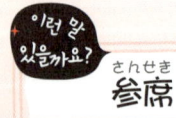
参席

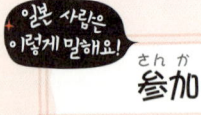
参加

'참석하다'라는 뜻의 일본어는「参加(さんか)する」,「出席(しゅっせき)する」,「出(で)る」가 있는데, 각각의 쓰임이 조금씩 다르다.

예) 集会(しゅうかい)に参加(さんか)する。 집회에 참석하다.
会議(かいぎ)に出席(しゅっせき)する。 회의에 참석하다.
会合(かいごう)に出(で)る。 모임에 참석하다.

A 昨日(きのう)の集会(しゅうかい)に参加(さんか)した人(ひと)は何人(なんにん)ですか。
B 10人(にん)です。
A 今日(きょう)の会議(かいぎ)は全員(ぜんいん)出席(しゅっせき)するように伝(つた)えてください。

A 어제 집회에 참석한 사람은 몇 명입니까?
B 10명입니다.
A 오늘 회의는 전원 참석하도록 전해 주세요.

☆ 明日(あした)のパーティー、私(わたし)も参加(さんか)することにしたよ。
よろしくね。

내일 파티, 나도 참석하기로 했어. 잘 부탁해!

☆ 参加費(さんかひ)は無料(むりょう)です。

참가비는 무료입니다.

昨日(きのう) 어제　　集会(しゅうかい) 집회　　会議(かいぎ) 회의
全員(ぜんいん) 전원　　～ように ~하도록, ~하게　　伝(つた)える 전하다
無料(むりょう) 무료

역부족

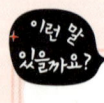 役不足

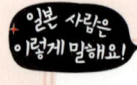 力不足

「役不足(やくぶそく)」는 '그 사람의 역량에 비해 역할이 너무 가볍다'라는 뜻이며, 「力不足(ちからぶそく)」는 '의뢰나 지시를 거절할 때, 해 보았지만 할 수 없었을 때' 사용한다.

A ちょっと、この仕事を担当してもらいたいんですが…。
B 初めてなので、ちょっと…。
A 大丈夫だと思うけど…。
B 力不足で申し訳ありません。

A 이 일을 좀 담당해 주었으면 하는데요…….
B 처음 하는 일이라서 좀…….
A 잘할 수 있을 거라고 생각하는데…….
B 제 능력 밖이라서 죄송합니다.

☆ 受験に失敗しちゃったよ。力不足だったよ。
입시에 실패해 버렸어. 역부족이었어.

☆ このプロジェクト、君には役不足だと思っていたんだが、どうやら力不足だったようだね。
이 프로젝트, 자네의 실력에 비해 하찮은 일이라고 생각했는데, 아무래도 역부족이었던 것 같군.

仕事(しごと) 일　　担当(たんとう) 담당　　初(はじ)めて 처음(으로)
〜ので 〜 때문에　　大丈夫(だいじょうぶ)だ 괜찮다　　〜と思(おも)う 〜라고 생각하다
申(もう)し訳(わけ)ありません 죄송합니다 (*すみません의 정중한 말)
どうやら 아무래도

episode 66 저출산화

 이런 말 있을까요?
ていしゅっさん か
低出産化

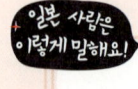 일본 사람은 이렇게 말해요!
しょう し か
少子化

일본에서는 1989년에 출생률이 1.57로 사상 최저를 기록해 화제가 되었다. 그 이후에도 출생률 저하는 계속되었고, 1992년도 '국민생활백서'에 「少子化(しょうしか)」라는 말이 쓰이며 일반적으로 퍼지게 되었다.

A 日本では少子化対策に頭を悩ませています。
B 韓国は日本よりもっと深刻かもしれません。
A なかなかいい解決策がないみたいですね。

A 일본에서는 저출산화 대책으로 골머리를 썩이고 있습니다.
B 한국은 일본보다 더 심각할지도 모릅니다.
A 좀처럼 좋은 해결책이 없는 것 같아요.

☆ お金のかかる教育を止めない限り、少子化はなくならないだろう。
돈이 드는 교육을 멈추지 않는 이상, 저출산화는 없어지지 않을 것이다.

☆ 先進国はどこも少子化問題で悩んでいる。
선진국은 어디나 저출산화 문제로 고민하고 있다.

対策(たいさく) 대책　　頭(あたま) 머리　　悩(なや)む 고민하다
~より ~보다　　もっと 더　　深刻(しんこく) 심각함
~かもしれません ~(일)지도 모릅니다　　なかなか 좀처럼, 상당히
解決策(かいけつさく) 해결책　　~みたい ~인 것 같다　　止(や)める 그만두다
~限(かぎ)り ~한, ~ 이상

유통기한

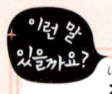

流通期限
りゅうつう きげん

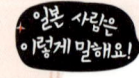
賞味期限
しょうみ きげん

消費期限
しょうひ きげん

식품의 '유통기한'을 일본말로 표현할 때는 한국어식으로 '流通期限(りゅうつうきげん)'이라고 하지 않고, 주로「賞味期限(しょうみきげん)」이라고 한다.

A 有名な会社による食品偽装がいろいろ発覚したそうですね。

B 賞味期限を改ざんして販売したりしたそうですね。

A よくご存じですね。私もまさかあの店がとビックリしましたね。

B 物騒な世の中になりましたね。

A 유명한 회사에 의한 식품 위장이 여러 가지 발각되었대요.
B 유통기한을 속여서 판매하거나 했다고 하네요.
A 잘 알고 계시는군요. 저도 설마 그 가게가…라며 깜짝 놀랐어요.
B 위험한 세상이 되었네요.

☆ この牛乳、賞味期限が切れてヨーグルトみたいになってる!
이 우유, 유통기한이 지나서 요구르트처럼 되어 있어!

☆ 商品を購入する際は、消費期限の確認をしましょう。
상품을 구입할 때는 유통기한을 확인합시다.

有名(ゆうめい)だ 유명하다	食品(しょくひん) 식품	偽装(ぎそう) 위장
発覚(はっかく) 발각	改(かい)ざんする 고치다	販売(はんばい) 판매
ご存(ぞん)じ 알고 계심(*知(し)る의 존경어)		まさか 설마
ビックリする 깜짝 놀라다	物騒(ぶっそう)だ 위험하다, 뒤숭숭하다	
世(よ)の中(なか) 세상	切(き)れる 베이다, (기한 등이) 다 되다	
購入(こうにゅう) 구입	際(さい) 때, 즈음	

episOde 68 사자성어

중얼중얼~

중얼중얼~

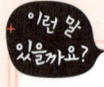
이런 말 있을까요?

四字成語   ✗

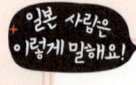
일본 사람은 이렇게 말해요!

四字熟語(よじじゅくご)   ○

'사자성어(四字成語)'는 4개의 한자로 만들어진 숙어로, 글자 수에 비해 정보량이 많아 의사 전달에 도움을 준다.
주로 중국의 고사에서 유래하여 내용을 함축한 글자이며, 일본어로는 「四字熟語(よじじゅくご)」라고 한다.

A 好きな四字熟語は何ですか。
B 良妻賢母です。私の目標です。
C 私は七転八起です。
D 僕は不言実行です。

A 좋아하는 사자성어는 뭐예요?
B '현모양처'입니다. 저의 목표입니다.
C 저는 '칠전팔기'입니다.
D 나는 '불언실행'입니다.

☆ 以熱治熱(イヨルチヨル)という四字熟語は韓国でよく使います。
'이열치열'이라는 사자성어는 한국에서 자주 사용합니다.

☆ 日本では使わない四字熟語が韓国にはたくさんあります。
일본에서는 사용하지 않는 사자성어가 한국에는 많이 있습니다.

好(す)きだ 좋아하다   良妻賢母(りょうさいけんぼ) 현모양처
目標(もくひょう) 목표   僕(ぼく) 나, 저

기타

	이런 말 있을까요? ✕	일본 사람은 이렇게 말해요! ○
동영상	動映像	動画 (どうが)
연예인	演藝人	芸能人 (げいのうじん)
출입금지	出入禁止	立入禁止 (たちいりきんし)
작심삼일	作心三日	三日坊主 (みっかぼうず)
장단점	長短點	一長一短 (いっちょういったん)
자기 자신	自己自身	自分自身 (じぶんじしん)
평생	平生 (へいせい)	一生 / 生涯 (いっしょう / しょうがい)
방심(하다)	放心(する)	油断(する) (ゆだん)

내가 하는 말에
일본인이 인상을
찌푸린다면?

그런 일본어 없습니다

완전 형태 바꿈

70 욕
71 스킨
72 일회용
73 불조심
74 사고방식
75 내복
76 표절
77 분위기 파악 못하다
78 시장이 반찬이다
79 가득
80 더빙
81 파리 날리다(손님이 없다)
82 직전에 취소함
83 강추
84 쌩얼
85 변명만 하는 젊은이들
86 최상급에서 최하급까지
87 천생연분
88 피부
89 시각 장애인
90 기타

 욕

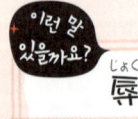 辱

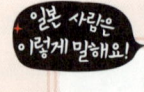 悪口

한국어는 표현이 매우 풍부한데, 욕도 예외는 아니다. 참으로 다양한 종류(?)의 욕이 있는 한국에 비해, 일본의 욕은 「ばかやろう。바보 놈」, 「くそったれ。똥 늘어뜨림」, 심한 것은 「てめー、くたばれ。너 같은 놈은 죽어 버려.」 정도뿐이다.

A 韓国は悪口が多いですね。

B でも犬はどうして悪口に使われるんですか。

C オスの犬は発情期には、所かまわず、ひどいのは母親とでもするからです。

A 한국은 욕이 많네요.
B 그런데 개는 어째서 욕에 사용됩니까?
C 수컷 개는 발정기에는 장소를 가리지 않고, 심지어는 어미 개하고도 하기 때문입니다.

☆ 他人の悪口ばかり言ってると、誰もあなたを信用してくれなくなると思うよ。

다른 사람 욕만 하고 있으면, 아무도 당신을 신용해 주지 않게 될 거예요.

☆ 彼女はマイペースだ。悪口を言われても気にしない。

그녀는 자기 방식대로 해. 욕을 먹어도 신경 쓰지 않아.

多(おお)い 많다	どうして 어째서, 왜	使(つか)う 사용하다
オス 수컷 (↔ メス 암컷)	発情期(はつじょうき) 발정기	所(ところ)かまわず 장소를 가리지 않고
	ひどい 심하다	母親(ははおや) 어머니
他人(たにん) 타인	気(き)にする 신경 쓰다	

 # 스킨

이런 말 있을까요?
スキン ✗

일본 사람은 이렇게 말해요!
化粧水(けしょうすい) ○

우리가 보통 흔히 말하는 '스킨'은 일본어로 하면 '콘돔(スキン)'이라는 뜻이 있어서 오해를 받는 경우가 있다.
얼굴에 바르는 화장품일 경우에는 「化粧水(けしょうすい) 화장수」라고 하는 것이 좋다.

A 最近化粧する男性が増えているそうですね。
B 私も化粧水と乳液ぐらいはつけますがね。
A まゆを剃ったりメイクする学生も増えているそうですよ。
B そうですか。

A 최근 화장하는 남성이 증가하고 있다고 하네요.
B 저도 스킨과 로션 정도는 바르고 있지만……
A 눈썹을 밀거나 메이크업하는 학생도 늘고 있대요.
B 그래요?

☆ 肌、きれいだよね。どこのブランドの化粧水使ってるの?
피부 깨끗하네. 어느 브랜드 스킨을 쓰니?

☆ 化粧水やクリームなどの基礎化粧品は肌に合ったものを使いましょう。
스킨과 크림 등의 기초 화장품은 피부에 맞는 것을 사용합시다.

化粧(けしょう) 화장   男性(だんせい) 남성   増(ふ)える 늘어나다
乳液(にゅうえき) 로션   つける 바르다   まゆ 눈썹
剃(そ)る 밀다, 깎다   メイク 메이크업   基礎(きそ) 기초
合(あ)う 맞다, 어울리다

151

일회용

いっかいよう
一回用

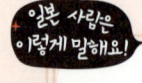
つが　す
使い捨て

세계 최초의 '렌즈 붙은 필름'은 1980년대 초에 브라질에서 생산된 'LOVE'라는 제품이다. 일본에서는 1986년에 출시된 후지필름의 「写(うつ)ルンです」라는 제품이 최초이다.

A 「レンズ付きフィルム」って何ですか。
B 使い捨てカメラのことですよ。
日本では富士フィルムの「写ルンです」が最初ですよ。もう製造停止になっていますが…。

A '렌즈가 붙은 필름'이란 게 뭡니까?
B 일회용 카메라를 말하는 거예요. 일본에서는 후지필름의 '우쯔룬데스'가 최초입니다. 이제는 제조가 되지 않습니다만……

☆ 使い捨ては環境問題と関係があるので控える傾向にある。
일회용은 환경문제와 관계가 있기 때문에 삼가는 경향이다.

☆ 使い捨ては無駄使いだという人が増えてきた。
일회용은 낭비라고 하는 사람이 많아졌다.

使(つか)い捨(す)て 일회용(*使(つか)う 사용하다+捨(す)てる 버리다)
～付(つ)き ～ 붙음, ～ 딸림   ～のことです ～를 말합니다
最初(さいしょ) 최초, 처음   製造(せいぞう) 제조   停止(ていし) 정지
控(ひか)える 삼가다, 대기하다, ～을 앞두다   傾向(けいこう) 경향
無駄使(むだづか)い 낭비   増(ふ)える 늘어나다

73 불조심

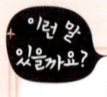
火操心 ✗

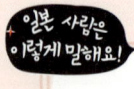
火の用心 ○

일본어 「操心 조심」은 '心(こころ)をかたく守(まも)っていつも気(き)をつける 마음을 단단히 지켜 항상 주의하다'라는 뜻이지만 거의 쓰지 않고, '주의하다', '조심하다'의 뜻으로 「気(き)をつける」나 「注意(ちゅうい)する」를 많이 쓴다. '조심'과 관련된 표현으로는 「火(ひ)の用心(ようじん) 불조심」과 「猛犬注意(もうけんちゅうい) 개 조심」 등이 있다.

A 「火(ひ)の用心(ようじん)」って、どういう意味(いみ)ですか。
B 「火事(かじ)にならないように注意(ちゅうい)してください」という意味ですよ。
C これからだんだん空気(くうき)が乾燥(かんそう)してきますからね。

A '불조심'은 어떤 뜻입니까?
B '화재가 일어나지 않게 주의하세요'라는 뜻이에요.
C 이제부터 점점 공기가 건조해지니까요.

☆ この頃(ごろ)、乾燥(かんそう)しているから火(ひ)の用心(ようじん)してください。
요즘 건조하니까 불조심해 주세요.

火(ひ) 불	用心(ようじん) 조심, 경계	火事(かじ) 화재
注意(ちゅうい) 주의	だんだん 점점	空気(くうき) 공기
乾燥(かんそう) 건조	この頃(ごろ) 요즘	

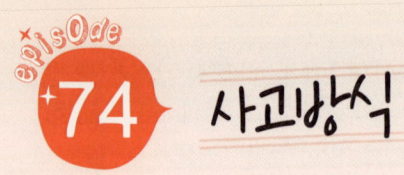 사고방식

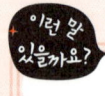 思考方式

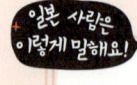 考え方

일본어 공부를 시작한 지 얼마 되지 않은 학습자가, 일본어의 「いろんなぶんせき 여러 가지 분석」(발음은 '이론나분세끼')를 듣고, 한국어의 욕 '이런 나쁜 새끼'로 들려 놀랐다고 하는 일화가 있다.

A 様々な意見が出ましたね。
B 本当に人によって考え方がずいぶん違いますね。
A この件に関しては、「いろんな分析」ができますね。
C いろんなぶんせき??? それって悪口ですか。

A 여러 가지 의견이 나왔네요.
B 정말로 사람마다 사고방식이 꽤 다르네요.
A 이 건에 관해서는 여러 가지 분석을 할 수 있겠네요.
C 이런 나쁜 새끼??? 그거 욕입니까?

☆ 10人いたら10の考え方がある。
10명 있으면 10개의 생각이 있다.

☆ 育った環境によって考え方がずいぶん違う。
자란 환경에 따라서 사고방식이 상당히 다르다.

様々(さまざま) 여러 가지	~によって ~에 따라	考(かんが)える 생각하다
동사 ます형+方(かた) ~(하는) 방법		ずいぶん 상당히
違(ちが)う 다르다, 틀리다	~に関(かん)して ~에 관해서	いろんな 여러 가지
分析(ぶんせき) 분석	悪口(わるくち) 욕	育(そだ)つ 자라다, 성장하다

episode 75 내복

이런 말 있을까요?
内服 ✗

일본 사람은 이렇게 말해요!
長袖(ながそで)のシャツ ○

ももひき

'内服'은 한국어식 표현으로, 일본어로 '위에 입는 내복'은「長袖(ながそで)のシャツ 긴소매의 셔츠」, '아래에 입는 내복'은「ももひき」라고 말한다.

A 今日はとても寒いですね。
B だから、私はズボンの下にももひきをはいて来ましたよ。
A 私はワイシャツの下に長袖のシャツを着ていますよ。
B かっこ悪いなんて言っていられないですよね。

A 오늘은 매우 춥네요.
B 그래서 저는 바지 속에 내복을 입고 왔어요.
A 저는 와이셔츠 안에 내복을 입고 있어요.
B 모양새 나쁘다고 할 때가 아니죠.

☆ 長袖シャツとももひきは日本のおばちゃん、おじちゃんにとって欠かせないものである。
내복은 일본의 아줌마, 아저씨에게 있어서 빠뜨릴 수 없는 것이다.

☆ 最近はデザイン性のあるももひきが売れています。
요즘은 디자인성이 있는 내복이 팔리고 있습니다.

寒(さむ)い 춥다　　　　だから 그래서　　　　下(した) 아래(*여기서는 '속', '안'이라
는 뜻으로 쓰임)　　　はく 입다, 신다　　　着(き)る 입다
かっこ悪(わる)い 꼴불견이다　　～なんて ～라는 둥, ～ 따위, ～이라니
欠(か)かす 빠뜨리다　　売(う)れる 팔리다

episode 76 표절

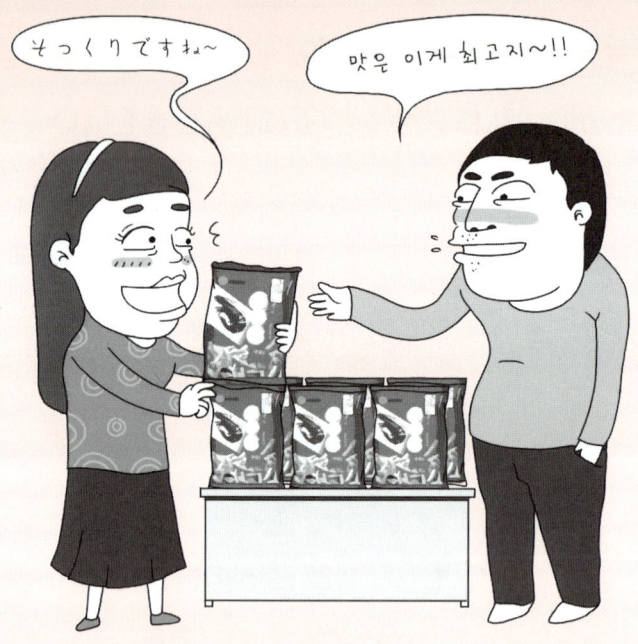

이런 말 있을까요?
ひょうせつ
剽窃 ✗

일본 사람은 이렇게 말해요!
パクリ ○

とうさく
盗作

コピー商品
しょうひん

'표절'은 「パクリ」, 「コピー商品(しょうひん)」, 「盗作(とうさく)」라는 표현을 주로 쓰며, 「剽窃(ひょうせつ)」라는 단어는 별로 사용하지 않는다.
- パクリ : 입을 딱 벌리고 먹는 모양. '표절'이라는 뜻도 있음.
- コピー商品(しょうひん) : 카피 상품. 의도적으로 타사의 제품을 흉내 낸 상품.
- 盗作(とうさく) : 도작. 남의 작품의 일부 또는 전체를 자기 작품으로 발표함.

A このお菓子、日本のかっぱえびせんのパクリじゃないの。
B そっくりですね。袋のデザインまでよく似ている。
C でも味はセウカンの方がいいですね。

A 이 과자, 일본의 '갓빠에비셴'의 표절 아니야?
B 진짜 똑같네요. 봉투의 디자인까지 완전 닮아 있네요.
C 그렇지만 맛은 '새우깡'이 좋죠.

お菓子(かし) 과자　　　そっくり 꼭 닮은 모양　　　袋(ふくろ) 봉투
似(に)る 닮다　　　味(あじ) 맛　　　~方(ほう)がいい ~쪽이 좋다

Tip
かっぱえびせん : 일본의 '가루비(カルビ)'라는 회사가 만든 스낵 과자이다. 1964년 1월에 일본에서 발매되었으며, 국민적 롱셀러 상품이다.
セウカン : 새우깡. 농심이 1971년 12월에 한국에서 판매 개시했다. 역시 국민적 롱셀러 상품이며, 2000년에는 매운 새우깡도 출시되었다.

episode 77 분위기 파악 못하다

雰囲気を把握できない。

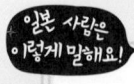
空気が読めない。

K는 「ku-ki(空気)」, Y는 「yomenai(読めない)」의 머리글자이다. 2007년 아사히 신문이 '분위기 파악을 못하다'를 'KY'라고 쓴 것을 시작으로, 여성들 사이에서 유행어가 되면서 유행어 대상에 노미네이트되기도 하였다.
「あの人(ひと)、KYだね。」라고 하면 '저 사람 분위기 파악 못하는 녀석이네.'라는 뜻인 것이다.

A KYって、<ruby>何<rt>なん</rt></ruby>ですか。

B 「<ruby>空気<rt>くうき</rt></ruby>が<ruby>読<rt>よ</rt></ruby>めない」の<ruby>略<rt>りゃく</rt></ruby>ですよ。

A <ruby>最近<rt>さいきん</rt></ruby>テレビや<ruby>雑誌<rt>ざっし</rt></ruby>によく<ruby>出<rt>で</rt></ruby>ていますね。

B そうなんです。<ruby>去年<rt>きょねん</rt></ruby>の<ruby>流行語<rt>りゅうこうご</rt></ruby>の<ruby>一<rt>ひと</rt></ruby>つですよ。

A KY라는 것은 무슨 뜻입니까?
B '분위기 파악 못하다'의 약어예요.
A 최근 TV나 잡지에 자주 나오고 있네요.
B 그렇습니다. 작년 유행어의 하나예요.

☆ あの<ruby>緊迫<rt>きんぱく</rt></ruby>した<ruby>状況<rt>じょうきょう</rt></ruby>であんなこと<ruby>言<rt>い</rt></ruby>うなんて。<ruby>空気<rt>くうき</rt></ruby>読めてないよね。
그 긴박한 상황에서 그런 말을 하다니. 분위기 파악을 못하고 있네.

☆ <ruby>空気<rt>くうき</rt></ruby>が<ruby>読<rt>よ</rt></ruby>めない<ruby>時<rt>とき</rt></ruby>は、<ruby>発言<rt>はつげん</rt></ruby>を<ruby>控<rt>ひか</rt></ruby>えた<ruby>方<rt>ほう</rt></ruby>がいい。
분위기 파악을 못할 때는 발언을 삼가는 편이 좋다.

空気(くうき) 공기, 분위기   **略**(りゃく) 생략, 대략   **雑誌**(ざっし) 잡지
去年(きょねん) 작년   **流行語**(りゅうこうご) 유행어   **緊迫**(きんぱく) 긴박
控(ひか)える 삼가다, 앞두다, 대기하다

시장이 반찬이다

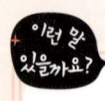
空腹（くうふく）がおかずだ。 ✗

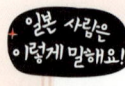
空腹（くうふく）は最高（さいこう）の調味料（ちょうみりょう）だ。 ○

배가 고프면 뭐든지 맛있게 먹을 수 있는 법이다. 일본에서는 '시장이 반찬이다'를 「空腹(くうふく)は最高(さいこう)の調味料(ちょうみりょう)だ。공복은 최고의 조미료다.」라고 표현한다.

A 山の頂上で食べるおにぎりは格別ですね。
B 本当にうまいですね。
C 運動してお腹が空いたからですよ。
D 「空腹は最高の調味料」と言いますからね。

A 산 정상에서 먹는 주먹밥은 각별하네요.
B 정말로 맛있네요.
C 운동해서 배가 고팠기 때문이에요.
D '시장이 반찬이다'라고 하니까요.

☆ お腹空いた時は何でもおいしい。
배가 고플 때는 뭐든지 맛있다.

頂上(ちょうじょう) 정상　おにぎり 주먹밥　格別(かくべつ)だ 각별하다
うまい 맛있다　お腹(なか)が空(す)く 배가 고프다
空腹(くうふく) 공복　最高(さいこう) 최고　調味料(ちょうみりょう) 조미료

 가득

いっぱい ✗

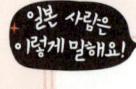
目白押し ○

「目白押(めじろおし) 가득, 끊임없이 밀려오는」는 「目白(めじろ) 동박새 + 押(お)し 밀기」의 형태로, 동박새가 나뭇가지에 떼 지어 앉아 있는 듯이 '많은 물건·사람이 한곳에 모여 있는 상태'를 나타낸다.

A 紅白歌合戦(こうはくうたがっせん)、見(み)ましたか。
B はい、話題曲(わだいきょく)が目白押(めじろお)しでしたね。
C 9歳(さい)の女(おんな)の子(こ)が歌(うた)っていた「ポニョ」が印象的(いんしょうてき)でした。

A 홍백가합전, 봤습니까?
B 네, 화제곡이 가득했었죠.
C 9살 여자아이가 불렀던 '포뇨'가 인상적이었습니다.

☆ 今月(こんげつ)は見(み)たい映画(えいが)が目白押(めじろお)しです。
이번 달은 보고 싶은 영화가 가득해요.

☆ 年末年始(ねんまつねんし)はイベントが目白押(めじろお)しです。
연말연시에는 이벤트가 가득해요.

合戦(がっせん) 전투, 접전   **話題**(わだい) 화제   **曲**(きょく) 곡
女(おんな)**の子**(こ) 여자아이   **印象的**(いんしょうてき) 인상적
年末年始(ねんまつねんし) 연말연시

Tip
紅白歌合戦(こうはくうたがっせん) : NHK 홍백가합전(紅白歌合戦)은 매년 12월 31일 밤에 NHK에서 방송하는 가요 프로그램으로, 그해를 대표하는 가수들이 여성은 홍팀[紅組(あかぐみ)], 남성은 백팀[白組(しろぐみ)]에 속해 출연한다. 대항전의 형식으로 노래나 연주를 하며, 곡과 곡 사이에는 응원전이나 다른 공연을 한다.

더빙

 ダビング

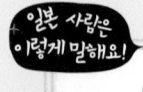 吹(ふ)き替(か)え

일본에서「ダビング」는 이미 녹음・녹화된 것을 다른 것에 '복제(複製)하다'라는 뜻으로 쓰인다. 성우 목소리로 녹음된 것은「吹(ふ)き替(か)え 더빙(dubbing)」라고 해야 한다.

A 昨日子供たちと「クンフー・パンダ」を見ました。
B どうでしたか。うちの子も見たいってうるさいんですよ。
A とてもおもしろかったですよ。吹き替え版もあるので、ぜひお子さんを連れて行ってあげてください。

A 어제 아이들과 〈쿵푸 팬더〉를 봤어요.
B 어땠어요? 우리 아이도 보고 싶다고 귀찮게 해요.
A 매우 재미있었어요. 더빙판도 있으니까, 꼭 자녀분을 데려 가 주세요.

☆ 日本のアニメの英語吹き替え版はオリジナルと声が全然違うから、不思議な感じがする。
일본 아니메의 영어 더빙판은 오리지널과 목소리가 전혀 달라서 이상한 느낌이 든다.

☆ 「冬のソナタ」は日本語吹き替え版で見ました。
〈겨울연가〉는 일본어 더빙판으로 봤습니다.

昨日(きのう) 어제 うちの~ 우리~ うるさい 귀찮게 하다, 시끄럽다
~版(ばん) ~판 ぜひ 꼭 お子(こ)さん (남의) 아이, 자제분
連(つ)れて行(い)く 데리고 가다 違(ちが)う 다르다
不思議(ふしぎ)だ 이상하다, 불가사의하다

파리 날리다 (손님이 없다)

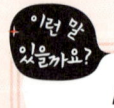
ハエが飛ぶ

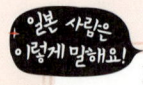
閑古鳥が鳴く

「閑古鳥(かんこどり)」는 「かっこう 뻐꾸기」의 다른 이름이다.
뻐꾸기 울음소리가 서글프기 때문에, 일본에서는 손님이 없어 파리 날리는 가게를 가리켜서 '뻐꾸기가 울고 있다'고 말한다.

A この辺は毎日デモで大変だったでしょう。
B 道路が渋滞して、ひどい目にあいましたよ。
C 店の方も閑古鳥が鳴いて話になりませんよ。

A 이 근처는 매일 시위로 힘드셨죠?
B 도로가 막혀서 혼이 났어요.
C 가게도 파리 날리고 말이 아니에요.

☆ 満席が続く飲食店と閑古鳥が鳴く飲食店
만석이 계속되는 음식점과 파리 날리는 음식점

☆ 閑古鳥が鳴く「駅前商店街」を活性化させるためにいろいろな工夫をしている。
파리 날리고 있는 '역 앞 상점가'를 활성화시키기 위해서 여러 가지 궁리를 하고 있다.

辺(へん) 근처
道路(どうろ) 도로
話(はなし)にならない 말(이) 안 되다
工夫(くふう) 고안, 궁리
デモ 데모, 시위(*デモンストレーション(demonstration)의 준말)
渋滞(じゅうたい) 정체
店(みせ) 가게
ひどい目(め)にあう 심한 꼴을 당하다, 혼나다
~方(ほう) ~쪽
続(つづ)く 계속되다

직전에 취소함

直前に取り消し

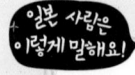
どたキャン

「どたんば 막바지, 막판」에 「キャンセル 취소」가 붙어서 '막바지에 이르러서 약속을 취소하다'는 말인 「どたキャン」이 생겨났다. 「どたキャン」을 당하면, '어쩔 수 없는 상황이겠지……'하며 마음을 다독여 봐도 실망스러운 마음은 감출 수 없다.

A またどたキャンかな。
(その時、Bさんから電話が来る)

B すいません。会議が長引いちゃって…。
今日はちょっと難しいです。

A わかりました。じゃ、また今度。

A 또 약속 시간 직전에 취소되는 걸까?
(그때 B씨에게서 전화가 온다)
B 죄송합니다. 회의가 길어져서……. 오늘은 좀 어렵겠습니다.
A 알겠습니다. 그럼, 다음에 봅시다.

☆ こっちの方が楽しそうだったから、彼との約束をドタキャンしちゃった！
이쪽이 재미있을 것 같아서, 그와 한 약속을 취소해 버렸어!

☆ 人数調整しているから、ドタキャンは困ります。
인원 수를 조정하고 있기 때문에, 갑자기 취소하는 것은 곤란합니다.

会議(かいぎ) 회의　　　**長引**(ながび)く 길어지다　　　**～ちゃう** ～해 버리다
(*～てしまう의 회화체)　　　**難**(むずか)しい 어렵다　　　**今度**(こんど) 다음, 이번
楽(たの)しい 즐겁다　　　**人数**(にんずう) 인원 수　　　**困**(こま)る 곤란하다

 강추

強く勧める

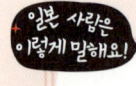
一押し

「いちおし〜」의 'いち'는 「一番(いちばん) 가장」이고, 'おし'는 「おす 권하다, 추천하다」의 명사형이다. 즉 '제일 강하게 추천하는 〜'이라는 뜻으로, 사전에는 안 나오지만 일본인들이 많이 쓰는 말이다.

A 「いちおしクッキング」って、どういう意味ですか。

B 「一番お勧めする料理」ですよ。番組のタイトルです。

C プロの技を家庭料理に生かせるいい番組ですよ。

A '강추 쿠킹'이라는 것은 무슨 뜻입니까?
B '가장 추천하는 요리'라는 뜻이에요. TV 프로그램의 타이틀입니다.
C 프로의 기술을 가정 요리에 활용할 수 있는 좋은 프로그램이에요.

☆ こちらの商品は本日より値下げいたしました。当店の一押し商品となっております。

이쪽 상품은 오늘부터 가격을 인하했습니다. 저희 가게의 추천 상품입니다.

☆ ここのケーキおいしいんだ。一押しだよ。

여기 케이크 맛있어. 강추야.

クッキング 쿠킹(cooking), 요리		お勧(すす)めする 추천하다
(*勧(すす)める의 겸양어)	番組(ばんぐみ) TV 프로	タイトル 타이틀(title)
技(わざ) 기술	生(い)かす 활용하다, 살리다	値下(ねさ)げ 가격 인하

 쌩얼

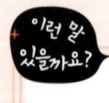
生顔

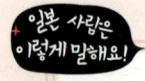
すっぴん

「BBクリーム(Blemish Balm cream)」는 유액·파운데이션·컨실러 등의 역할을 겸한 화장품으로, 2008년경부터 주로 한국에서 수입한 「BBクリーム」가 일본에서 크게 유행하였다.

A BBクリームが大人気ですね。

B すっぴんブームが一役買っていますよ。

C 日本人の観光客は、みんな買っていますね。

A 비비크림이 대인기군요.
B 쌩얼 붐이 한몫하고 있네요.
C 일본인 관광객은 모두 사고 있군요.

☆ 彼女はいつもすっぴんだ。化粧したところを見たことがない。
그녀는 언제나 쌩얼이야. 화장한 것을 본 적이 없어.

☆ 彼女はすっぴんでも美人だ。
그녀는 쌩얼이어도 미인이다.

クリーム 크림	大人気(だいにんき) 대인기	一役買(ひとやくか)う 한몫을 맡다
観光客(かんこうきゃく) 관광객	買(か)う 사다	化粧(けしょう) 화장
美人(びじん) 미인		

 ## 변명만 하는 젊은이들

이런 말 있을까요?
言い訳ばかりする若者たち ✗

일본 사람은 이렇게 말해요!
３Ｄ族 ○

「3D族(さんでーぞく)」의 '3D'는 'だって(datte : 하지만)', 'でも(demo : 그렇지만)', 'どうせ(do-se : 어차피)' 이 세 단어의 머리글자 발음 'D'를 가리키며, 「3D族」는 이 세 단어를 항상 입버릇처럼 사용하는 젊은이를 뜻한다. 노력도 안 하고 변명만 늘어 놓는다는 뜻으로, 젊은이의 태도를 비난하는 말이기도 하다.

A 3D族って、どんな人たちですか。

B 「だって、でも、どうせ」と言いながら、言い訳ばかりする若者たちのことですよ。

C 自分で努力しない人に多いですよ。

A 3D족은 어떤 사람들입니까?
B '하지만, 그렇지만, 어차피'라고 하면서, 변명만 하는 젊은이들을 가리키는 말이에요.
C 스스로 노력하지 않는 사람들에게 많아요.

☆ 3D族じゃないけど、どうせ僕には無理ですよ。
3D족은 아니지만, 어차피 나에게는 무리예요.

☆ どうやったらいいか考えるくせをつけないと3D族になるよ。
어떻게 하면 좋을지 생각하는 습관을 들이지 않으면 3D족이 될 거야.

言(い)い訳(わけ) 변명   若者(わかもの) 젊은이   自分(じぶん) 자기 자신
努力(どりょく) 노력   多(おお)い 많다   くせ 습관, 버릇

최상급에서 최하급까지

最高から最低まで

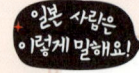
ピンからキリまで

「ピン」은 포르투갈어 'pinta'에서 온 말로 「最高(さいこう) 최고」를 뜻하며, 「キリ」는 포르투갈어 'cruz'에서 온 말로 「最低(さいてい) 최하」를 뜻한다.

A これ偽物ですか。

B はい、本物のような偽物です。

A 全然区別ができませんね。でも高いでしょう。

B はい。でもピンからキリまでありますから、懐と相談して選べますよ。

A 이거 가짜입니까?
B 네, 진짜 같은 가짜입니다.
A 전혀 구별할 수가 없군요. 하지만 비싸겠죠?
B 네, 그렇지만 최고급에서 최하급까지 있으니까, 가진 돈을 생각해서 선택할 수 있어요.

☆ ブランドと言っても、ピンきりである。
브랜드 (제품)이라고 해도, 최상급에서 최하급까지 있다.

☆ 秋葉原の安い店も、物によってはピンきりの値段だ。
아키하바라의 싼 가게도 물건에 따라서는 가격이 최고에서 최하까지 있다.

偽物(にせもの) 가짜　　**本物**(ほんもの) 진짜　　**全然**(ぜんぜん) 전혀
区別(くべつ) 구별　　**~でしょう** ~겠지요?, ~일 것입니다
懐(ふところ)**と相談**(そうだん)**する** 가진 돈과 상담하다[가진 돈을 생각하다, 호주머니 사정을 생각하다]
(*懐(ふところ) 품속에 가진 돈)　　**~と言**(い)**っても** ~라고 해도
~によって ~에 따라서

# 천생연분

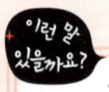 天生緣分

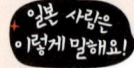 運命の赤い糸で結ばれた縁

「運命(うんめい)の赤(あか)い糸(いと)で結(むす)ばれた縁(えん)」은 장래 결혼할 남녀는 서로의 새끼손가락이 (안 보이는) 운명의 붉은 실로 연결되어 있다고 하는 중국 송나라 시대에 쓰여진 '太平広記(태평광기)'의 '定婚店(정혼점)'이라는 이야기에서 유래한 말이다.

A 日本では「運命の赤い糸で結ばれた縁」と言います。

B なんで赤い糸なんですかね。青い糸じゃだめですか。

C 赤の他人をつなぐからじゃないですかね。なんちゃって。

A 일본에서는 '운명의 붉은 실로 연결된 인연'이라고 합니다.
B 왜 붉은 실일까요? 파란 실이면 안 됩니까?
C 전혀 관계가 없는 사람을 연결하기 때문이 아닐까요? 그냥 하는 말이에요.

☆ やっぱり、私(わたし)たちって赤(あか)い糸(いと)で結(むす)ばれているのかな。
역시 우리들은 (운명의) 빨간 실로 연결되어 있나……?

運命(うんめい) 운명　　糸(いと) 실　　結(むす)ぶ 연결하다, 매다
縁(えん) 인연　　なんで 어째서, 왜　　〜じゃ 〜로는(=〜では)
だめだ 안 되다　　赤(あか)の他人(たにん) 전혀 관계가 없는 사람
つなぐ 잇다, 연결하다

 피부

皮膚

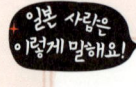
肌

「肌(はだ) 피부」에는 '물질적인 피부'라는 뜻 이외에 '성질', '기질', '천성'이라는 뜻도 있다. 다음과 같은 경우는 「皮膚(ひふ) 피부」를 사용하지 않는다.
- 肌(はだ)がきれい : 피부가 깨끗하다 (皮膚がきれい ×)
- 肌(はだ)のお手入(てい)れ : 피부의 손질 (皮膚のお手入れ ×)
- 肌(はだ)で感(かん)じる : 피부로 느끼다 (皮膚で感じる ×)
- 職人肌(しょくにんはだ) : 기술자 기질 (職人皮膚 ×)

A お肌がとてもきれいですね。秘訣は。
B 疲れとストレスをためないようにすることです。
A それだけですか。お肌のお手入れのコツは。
B マッサージで血液循環をよくすることかな。

A 피부가 매우 깨끗하네요. 비결은?
B 피로와 스트레스를 쌓이지 않게 하는 것입니다.
A 그것뿐입니까? 피부 손질의 요령은요?
B 마사지로 혈액 순환을 잘 시켜주는 것이려나……

☆ 日本には、「肌の白いは七難隠す」という諺があります。
일본에는 '살빛이 희면 일곱 가지 결점을 가린다'라고 하는 속담이 있습니다.

☆ 冬は乾燥するので肌が荒れやすい。
겨울은 건조하기 때문에 피부가 거칠어지기 쉽다.

きれいだ 깨끗하다, 예쁘다	秘訣(ひけつ) 비결	疲(つか)れ 피로
ためる 모아 두다	手入(てい)れ 손질	コツ 요령
血液循環(けつえきじゅんかん) 혈액 순환		諺(ことわざ) 속담
乾燥(かんそう) 건조	荒(あ)れる 거칠어지다	동사 ます형 + やすい ~하기 쉽다

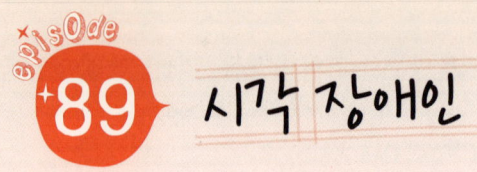

시각 장애인

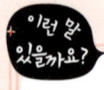
めくら ✗

일본 사람은 이렇게 말해요!
視覚障害者 ○
目の不自由な人

최근에는 「盲人(もうじん) 맹인」이라는 말보다, 「視覚障害者(しかくしょうがいしゃ) 시각 장애자」, 「目(め)の不自由(ふじゆう)な人(ひと) 눈이 부자유한 사람」라는 말을 많이 쓰고 있다. 「めくら 장님」는 차별 용어이기 때문에 절대로 쓰면 안 된다.

A 「薔薇のない花屋」に出ていた女優、誰だったっけ。
B 視覚障害者のふりをしていた人ですか。
A そうそう。
B 彼女は竹内結子さんですよ。

A 〈장미 없는 꽃집〉에 나왔던 여배우, 누구였었지?
B 시각 장애인의 행세를 하던 사람 말입니까?
A 네, 맞아요.
B 그녀는 다케우치 유코 씨예요.

☆ 私の友人は視覚障害者の支援に関する知識をたくさん持っている。
나의 친구는 시각 장애인 지원에 관한 지식을 많이 가지고 있다.

☆ 彼は目の不自由な人のために点字を勉強している。
그는 시각 장애인들을 위해서 점자를 공부하고 있다.

薔薇(ばら) 장미	花屋(はなや) 꽃집	女優(じょゆう) 여배우
誰(だれ) 누구	~っけ ~였지?, ~던가?	~ふり ~인 척, ~인 체
~に関(かん)する ~에 관한	点字(てんじ) 점자	

Tip 薔薇のない花屋 : 2008년 1월부터 3월까지 후지 TV에서 방송된 드라마. 꽃집을 경영하며 혼자서 딸을 키우고 있는 남자를 중심으로 여러 가지 사랑을 그리면서 서스펜스도 포함한 휴먼 러브 스토리.

 기타

	이런 말 있을까요? ✗	일본 사람은 이렇게 말해요! ○
일절 사절	一切謝絶	一切お断り(いっさいことわり)
이열치열	以熱治熱	熱を以て熱を治める(ねつ もっ おさ)
숫자 퍼즐	数字のパズル(すうじ)	数独(すうどく)
쌍꺼풀	二つの皮(ふた かわ)	二重(ふた え)
흰머리	しろかみ	しらが
손끝	手の終わり(て お)	指先(ゆびさき)
마음고생	心の苦生(こころ くろう)	気苦労(きぐろう)

내가 하는 말에
일본인이 인상을
찌푸린다면?

그런 일본어 없습니다

표현 1+

91 남대문이 열려 있어요
92 몇 년생입니까?
93 날씨가 춥네요
94 제가 대접하겠습니다
95 일본에는 잘 다녀오셨어요?
96 그래요?
97 이 책 잘 봤습니다
98 고향(집, 고국)에 갑니다
99 수고하셨습니다
100 맛있게 드세요
101 (전화가) 잘 안 들리는데요
102 [연말 인사] 새해 복 많이 받으세요
103 5분 남았습니다
104 계세요?
105 그동안 별일 없었습니까?
106 기타

 남대문이 열려 있어요

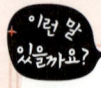
南大門が開いていますよ。

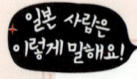
社会の窓が開いていますよ。

'지퍼가 열려 있다'고 말하고자 할 때, 한국어식 표현으로 '남대문이 열렸다'고 하면, 무슨 말인지 몰라 어리둥절해 하는 일본인이 많을 것이다.
「社会(しゃかい)の窓(まど)」의 직역은 '사회의 창문'이지만, 일본에서는 '바지의 지퍼'를 뜻하므로, 「社会の窓が開(あ)いている。남대문이 열려 있다.」라고 말해야 한다.

A あの火災(かさい)から、もう2年(ねん)も経(た)ちましたね。
B 2年も経ちましたか。早(はや)いですね。
A 2012年(ねん)の12月(がつ)には復旧(ふっきゅう)作業(さぎょう)が終(お)わるそうですよ。
C あのう、社会(しゃかい)の窓(まど)が開(あ)いていますよ。

A 그 화재로부터 벌써 2년이나 지났네요.
B 2년이나 지났어요? 빠르네요.
A 2012년 12월에는 복구 작업이 끝난대요.
C 저기요, 남대문이 열려 있어요.

☆ さっきから「社会(しゃかい)の窓(まど)」が開(あ)いたままですよ。
아까부터 남대문이 열린 채로 있어요.

火災(かさい) 화재   経(た)つ (시간·세월이) 지나다   早(はや)い 빠르다. 이르다
復旧(ふっきゅう) 복구   作業(さぎょう) 작업   終(お)わる 끝나다
~そうです ~라고 합니다   さっき 아까   동사 과거형 + まま ~인 채

episode 92 몇 년생입니까?

何年生ですか。 ✗

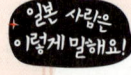
何年生まれですか。 ○

「何年生(なんねんせい)ですか。」는 '몇 학년입니까?'라는 뜻으로, '몇 년생입니까?'라고 물을 때에는 「何年(なんねん)生(う)まれですか。」라고 해야 한다. 일본에서는 「西暦(せいれき) 서력 [예 2010년]」보다는 「年号(ねんごう) 연호 [예 헤이세이 22년]」를 자주 사용하기 때문에, 한참 계산해야 하는 상황이 생긴다.

A 先生のところの息子さんは、何年生まれですか。

B 平成七年生まれですよ。

A ええと、平成七年というと…。

B ああ、すみません。1995年生まれです。

A 선생님 댁의 아드님은 몇 년생입니까?
B 헤이세이 7년생이에요.
A 에, 그러니까, 헤이세이 7년이라고 하면……
B 아, 죄송합니다. 1995년생입니다.

先生(せんせい) 선생님　　ところ 곳, 집　　息子(むすこ) 아들
~生(う)まれ ~생　　~というと ~라고 하면　　すみません 죄송합니다, 실례합니다

Tip 1926년에 시작된 昭和(しょうわ)년이 1988년에 昭和 63년으로 끝나고, 1989년부터 平成(へいせい)년이 시작되었다. 2010년 현재는 平成 22년이다.

 ## 날씨가 춥네요

天気が寒いですね。　✗

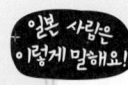
寒いですね。　〇

「天気(てんき) 날씨」는 기상 상태를 말하는 것이므로 「はれる 맑다」, 「くもる 흐리다」, 「いい 좋다」, 「わるい 나쁘다」 등과 함께 사용할 수 있지만, 「あつい 덥다」, 「さむい 춥다」, 「すずしい 시원하다」, 「あたたかい 따뜻하다」 등과는 함께 사용할 수 없다.

A 今日はずいぶん寒いですね。
B 本当に寒いですね。
A でも明日は少し暖かくて、いい天気になるそうですよ。
B よかった。

A 오늘은 상당히 날씨가 춥군요.
B 정말로 추운 날씨네요.
A 하지만 내일은 조금 따뜻하고 날씨가 좋아진다더군요.
B 잘됐네요.

☆ 今日は天気がいいけど、明日から天気が悪くなるそうですよ。
오늘은 날씨가 좋지만, 내일부터 날씨가 나빠진대요.

☆ 今日は暑いけど、明日から雨が降って少し涼しくなるそうですよ。
오늘은 (날씨가) 덥지만, 내일부터 비가 내려서 조금 시원해진대요.

今日(きょう) 오늘　　ずいぶん 상당히, 꽤　　でも 하지만
明日(あした) 내일　　少(すこ)し 조금　　暖(あたた)かい 따뜻하다
いい 좋다　　天気(てんき) 날씨　　よかった 잘됐다
悪(わる)い 나쁘다　　降(ふ)る (비, 눈 등이) 내리다

episode 94 제가 대접하겠습니다

私がごちそうしますから

다나카 씨도 오려나

이런 말 있을까요?
私がおごります。　✗

일본 사람은 이렇게 말해요!
私がごちそうします。　○

'동료'나 '친구', '부하'나 '후배'에게는 「おごる 한턱내다」를 사용해도 되지만, 존경어로서 사용하는 경우에는 「ごちそうする 대접하다」를 사용해야 한다.

A ところで、今日の夕方、ご都合はいかがですか。
B 大丈夫ですよ。
A 私がごちそうしますから、一緒に夕食いかがですか。
  田中さんも来ることになっています。
B そうですか。じゃ、お言葉に甘えて。

A 그런데, 오늘 저녁때 시간은 어떠세요?
B 괜찮아요.
A 제가 대접할 테니까, 함께 저녁 식사 어떠세요?
  다나카 씨도 오기로 되어 있습니다.
B 그래요? 그럼, 함께 식사하지요.

☆ いつもおごってもらってばかりですから、今日は私が ごちそうします。

언제나 얻어먹고만 있으니까, 오늘은 제가 대접할게요.

ところで 그런데　　夕方(ゆうがた) 저녁때　　都合(つごう) 사정, 형편
いかがですか 어떻습니까?　　大丈夫(だいじょうぶ)だ 괜찮다
ごちそう 대접, 진수성찬　　一緒(いっしょ)に 함께　　夕食(ゆうしょく) 저녁 식사
~ことになっている ~하기로 되어 있다　　お言葉(ことば)に甘(あま)えて
염치 불고하고 (*상대의 호의에 따르겠다는 말)

일본에는 잘 다녀오셨어요?

日本にはよく行ってきましたか。

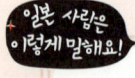
日本はどうでしたか。

'일본에는 잘 다녀오셨어요?'에 딱 맞는 일본어는 없다. 그냥 「どうでしたか。どうでしたか。어땠습니까?」라고 묻는 것이 좋다.

A ジュンさん、日本はどうでしたか。

B むし暑くて大変でしたけど、いろいろ経験できて、よかったですよ。

A そうですか。来年ジュンさんが日本に行ってしまうとさびしくなりますね。
でも希望が叶って、よかったですね。

B ありがとうございます。

A 준 씨, 일본은 잘 다녀오셨어요?
B 무더워서 힘들었지만, 여러 가지 경험할 수 있어서 좋았어요.
A 그래요? 내년에 준 씨가 일본에 가 버리면 쓸쓸해질 거예요.
그래도 희망이 이루어져서 잘됐네요.
B 감사합니다.

むし暑(あつ)い 무덥다	大変(たいへん)だ 힘들다	いろいろ 여러 가지
経験(けいけん) 경험	～てしまう ~해 버리다	さびしい 쓸쓸하다, 외롭다
希望(きぼう) 희망	叶(かな)う 이루어지다	

そうですね。

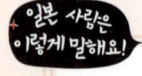
そうですか。

'그래요?'를 「そうですね。」라고 하는 사람이 꽤 있다. 「そうですね。」는 '그렇죠!'이고, 모르는 것을 알았을 때는 「そうですか。그래요?」라고 맞장구를 쳐 주어야 한다.

A 先生、この漢字「五月蝿い」は何と読むんですか。

B 「うるさい」ですよ。陰暦の5月になると蝿がたくさん発生して、うるさいからこんな字ができたそうですよ。

A そうですか。

A 선생님, 이 한자 「五月蝿い」는 뭐라고 읽습니까?
B '우루사이'('시끄럽다'는 뜻)예요. 음력 5월이 되면 파리가 많이 생겨서, 시끄럽고 성가신 데에서 이런 글자가 생겼대요.
A 그래요?

A 風があるので、寒く感じますね。

B そうですか。完全装備なので、寒くないですけど。

A 바람이 불어서 춥게 느껴지네요.
B 그래요? (저는) 완전 무장을 해서 춥지 않은데…….

漢字(かんじ) 한자　　読(よ)む 읽다　　陰暦(いんれき) 음력
蝿(はえ) 파리　　発生(はっせい) 발생　　うるさい 귀찮다, 시끄럽다
こんな 이런　　字(じ) 글자　　できる 생기다, 할 수 있다
風(かぜ) 바람　　感(かん)じる 느끼다　　完全(かんぜん) 완전
装備(そうび) 장비

이 책 잘 봤습니다

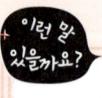
この本、よく見ました。

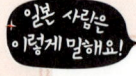
この本、ありがとうございました。

「よく」는 '잘', '자주(빈도)', '자세히(정도)'라는 뜻이 있는데, 「この本(ほん)、よく見(み)ました。」의 경우에는 '자주'의 뜻으로 쓰여서 '이 책 자주 봤습니다.'가 된다.

A この本、よく見ました。ありがとうございました。
B ユリさん、こんな時は「この本、ありがとうございました」ですよ。
手紙をもらった時も、「手紙、よく受け取りました」じゃなくて、「手紙、ありがとうございました」と言ってくださいね。
A ああ、そうですか。ありがとうございます。

A 이 책, '요꾸 미마시따', 감사합니다.
B 유리 씨, 이런 때는 '고노홍, 아리가또-고자이마시따'예요. 편지를 받았을 때도 '테가미, 요꾸 우케토리마시따'가 아니라, '테가미, 아리가또-고자이마시따'라고 해 주세요.
A 아~ 그렇습니까? 감사합니다.

こんな 이런　　　時(とき) 때　　　手紙(てがみ) 편지
もらう 받다　　　受(う)け取(と)る 받다　　　〜じゃなくて 〜이 아니라
言(い)う 말하다

 # 고향(집, 고국)에 갑니다

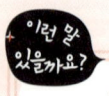 いなか(家・国)へ行きます。

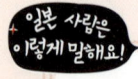 いなか(家・国)へ帰ります。

자신의 '고향(집, 고국)에 가다'는 「帰(かえ)る」를 써서, 「いなか(家(うち)・国(くに))へ帰(かえ)る」라고 해야 한다. 다만, 다른 사람의 집에 갈 때는 「行(い)く」를 사용하여, 「〜の家(うち)へ行(い)く 〜의 집에 가다」라고 한다.

A 今度の連休はどうしますか。

B ずっと田舎へ帰ってなかったので、今度の連休に田舎へ帰るつもりです。

A そうですか。親孝行してきてくださいね。

B はい。

A 이번 연휴는 어떻게 할 거예요?
B 계속 고향에 못 가서, 이번 연휴에 고향에 갈 생각입니다.
A 그래요? 부모님께 효도 잘하고 오세요.
B 네.

☆ 午前様にならないように、早めに帰ってきてくださいよ。

새벽에 귀가하지 않도록 빨리 돌아와 주세요.

今度(こんど) 이번　　連休(れんきゅう) 연휴　　ずっと 계속, 훨씬
田舎(いなか) 시골　　帰(かえ)る 돌아가다, 돌아오다　　つもり 예정, 작정
親孝行(おやこうこう) 효도　　午前様(ごぜんさま) 늦게까지 놀거나 술을 마시다가 밤 12시가 넘어서 집에 돌아오는 일, 또는 그 사람　　早(はや)め 조금 이른 듯함

 수고하셨습니다

ご苦労様でした。 ✗

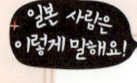
お疲れ様でした。 ○

「お疲(つか)れ様(さま)でした。」는 직장에서 '상사'나 '동료'에게 사용할 수 있지만, 「ご苦労様(くろうさま)でした。」는 상사에게는 사용할 수 없고, 상사가 아랫사람에게 쓸 수 있다. 최근 이 구별이 애매해지고 있긴 하나, 원래 「ご苦労様」는 '고생시켰군!', '잘했다!'라는 위로와 치하의 뜻을 포함하며, 「お疲れ様」는 '많이 피곤하시죠?'라는 뜻이 있다.

A　一緒(いっしょ)に帰(かえ)りませんか。

B　ああ、すみません。この報告書(ほうこくしょ)、書(か)いてから帰りますので。

A　そうですか。じゃ、お先(さき)に失礼(しつれい)します。

B　お疲(つか)れ様(さま)でした。

A　함께 가실래요?
B　아, 죄송합니다. 이 보고서 쓰고 나서 들어갈게요.
A　그래요? 그럼, 먼저 실례하겠습니다.
B　수고하셨습니다.

一緒(いっしょ)に 함께　　～ませんか ～하지 않겠습니까?
報告書(ほうこくしょ) 보고서　　～てから ～하고 나서　　じゃ 그럼
お先(さき)に 먼저　　失礼(しつれい) 실례

episode 100 맛있게 드세요

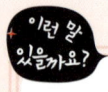
おいしく食べてください。

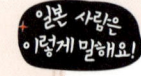
どうぞ、ごゆっくり召し上がってください。

どうぞ、ごゆっくり。

'맛있게 드세요'를 일본어로 직역하면, 무슨 뜻인 줄은 알겠지만, 영~ 어색하다.
'맛있게 드세요'는 일본어로「どうぞ、ごゆっくり召(め)し上(あ)がってください。부디 천천히 드세요.」가 가장 좋고,「どうぞ、ごゆっくり。」만으로도 괜찮다.

A　すごい料理ですね。
B　お口に合うかどうかわかりませんが…。
A　じゃ、遠慮なくいただきます。
B　どうぞ、ごゆっくり召し上がってください。

A　대단한 요리군요.
B　입맛에 맞을지 어떨지 모르겠습니다만…….
A　그럼, 사양 않고 잘 먹겠습니다.
B　맛있게 드세요.

☆　大変お待たせ致しました。どうぞ、ごゆっくり。
　　대단히 오래 기다리셨습니다. 맛있게 드세요.

すごい 굉장하다　　**料理**(りょうり) 요리　　**口**(くち)**に合**(あ)**う** 입맛에 맞다
~かどうか ~일지 어떨지　　**遠慮**(えんりょ)**なく** 사양 않고　　**いただきます** 잘 먹겠습니다
(ご)ゆっくり 천천히, 푹　　**召**(め)**し上**(あ)**がる** 드시다(*「食(た)べる 먹다. 飲(の)む 마시다」의 존경어)

episode 101 (전화가) 잘 안 들리는데요

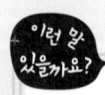
よく聞(き)こえないんですが。

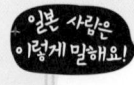
少々遠(しょうしょうとお)いんですが。

상대방의 목소리가 잘 들리지 않을 때, 「聞(き)こえない。들리지 않아.」라든가 「聞(き)き取(と)りにくい。알아듣기 어려워.」라는 표현을 쓰면 실례가 되므로, 「電話(でんわ)が遠(とお)い。전화가 먼 것 같아.」나 「お声(こえ)が遠い。목소리가 먼 것 같아.」라는 표현을 쓴다.

A もしもし、もしもし、聞こえますか。
B すみません。電話が少々遠いんですが…。
A もう一度かけ直します。
B お願いします。

A 여보세요, 여보세요, 들립니까?
B 죄송합니다. 전화가 잘 안 들리는데요…….
A 다시 한번 걸겠습니다.
B 부탁드립니다.

☆ 申し訳ございませんが、お電話が遠いようですが。
죄송합니다만, 전화가 좀 먼 것 같은데요…….

もしもし 여보세요	聞(き)こえる 들리다	電話(でんわ) 전화
少々(しょうしょう) 조금, 잠시	遠(とお)い 멀다	もう 더, 이제, 벌써
一度(いちど) 한 번	かける 걸다	동사 ます형+直(なお)す
다시 ~하다		

episode 102 새해 복 많이 받으세요

明けましておめでとうございます。

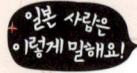
よいお年を(お迎えください)。

일본의 연말 인사는 「よいお年(とし)をお迎(むか)えください。 좋은 한 해 맞이 하세요.」이다. '새해 복 많이 받으세요'에 해당되는 「明(あ)けましておめでとうございます。」는 새해가 되고 나서야 사용할 수 있다.

A 今年一年、いろいろありがとうございました。

B いいえ、こちらこそ。

A では、よいお年をお迎えください。

B どうも。田村さんもよいお年を！

A 올해 일 년간, 여러 가지로 감사했습니다.
B 아니에요. 저야말로.
A 그럼, 새해 복 많이 받으세요.
B 고마워요. 다무라 씨도 새해 복 많이 받으세요!

☆ 日本人は年末になると「よいお年を！」とあいさつを交わします。

일본인은 연말이 되면 '새해 복 많이 받으세요'라고 인사를 주고받습니다.

☆ 感謝の気持ちをこめて「よいお年を！」

감사의 마음을 담아서 '새해 복 많이 받으세요!'

今年(ことし) 올해	いろいろ 여러 가지	こちらこそ 저야말로
よい 좋다	年(とし) 해, 나이	迎(むか)える 맞이하다
挨拶(あいさつ) 인사	交(か)わす 주고받다, 교환하다	こめる (마음을) 담다, 합치다

 **5분 남았습니다**

5分残りました。 ✗

일본 사람은 이렇게 말해요!
あと5分です。 ◯

'일부가 남아 있다', '여분이 있다'는 「残(のこ)る 남다」이며, '앞으로 수량[상황]이 얼마 남다'라는 표현을 하고 싶을 때는 「あと〜 앞으로 〜」라고 해야 한다.

예) ご飯はんはまだ残のこっている。 밥은 아직 남아 있다.
あと10秒びょうで終おわります。 앞으로 10초 후면 끝납니다.

A この試合に勝てばオリンピック出場決定です。
B 今日の試合は本当に見ごたえがありますね。
A 逆転に次ぐ逆転。手に汗を握る試合ですね。
B あと5分です。でも最後まで油断はできません。

A 이 시합에 이기면 올림픽 출전이 결정됩니다.
B 오늘 시합은 정말로 볼 만한 가치가 있군요.
A 역전에 뒤이은 역전. 손에 땀을 쥐게 하는 시합이군요.
B 앞으로 5분 남았습니다. 하지만 끝까지 방심할 수 없습니다.

☆ 休憩時間って、あと10分だよね！急がないと。
휴식 시간은 앞으로 10분 남은 거지! 서둘러야 해.

☆ あとどれくらいで残業が終わりそうですか。
앞으로 얼마나 있으면 잔업이 끝날 것 같습니까?

試合(しあい) 시합　　　勝(か)つ 이기다　　　出場(しゅつじょう) 출전
決定(けってい) 결정　　　見(み)ごたえ 볼 만한 가치　　　逆転(ぎゃくてん) 역전
次(つ)ぐ 잇따르다　　　手(て)に汗(あせ)を握(にぎ)る 손에 땀을 쥐다
最後(さいご) 마지막　　　油断(ゆだん) 방심　　　休憩(きゅうけい) 휴식
急(いそ)ぐ 서두르다　　　残業(ざんぎょう) 잔업　　　終(お)わる 끝나다
동사 ます형+そうだ ~일 것 같다

episode 104 계세요?

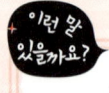
いらっしゃいますか。

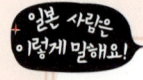
ごめんください。

「ごめんください。」는 남의 집에 들어서면서 '계세요?', '누구 없나요?' 등의 뜻으로 주로 주인을 부를 때 쓰는 표현이다. '미안합니다'의「ごめんなさい。」와 혼동하지 않도록 주의한다.
참고로, 방문처를 나올 때나 전화를 끊을 때도「ごめんください。」라고 하기도 한다.

A ごめんください。

B はーい。どちら様(さま)ですか。

A 鈴木(すずき)です。

B はい、今(いま)開(あ)けます。ようこそ。お待(ま)ちしておりました。

A 계세요?
B 네~, 누구십니까?
A 스즈키입니다.
B 네, 지금 열어 드리겠습니다. 어서 오세요. 기다리고 있었습니다.

☆ ごめんください。宅配(たくはい)です。

계십니까? 택배입니다.

どちら様(さま) 어느 분	今(いま) 지금	開(あ)ける 열다
ようこそ 환영합니다	待(ま)つ 기다리다	宅配(たくはい) 택배

그동안 별일 없었습니까?

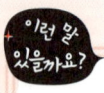
その間、おかわりありませんでしたか。

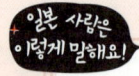
(その後)おかわりありませんでしたか。

'그동안 별일 없었습니까?'에서 '그동안'을 직역해 'その間(あいだ)'라고 하는 사람이 의외로 많다. 일본어로는 「その後(ご)」나 「あれから」를 사용하든지 생략하도록 해야 한다.

A 昨日帰ってきたばかりです。

B ああ、そうですか。おかわりありませんでしたか。

A はい、おかげさまで。実は、今度正式に日本の支社に転勤することになりました。

B えっ、本当ですか。それはおめでとうございます。

A 어제 막 돌아왔습니다.
B 아, 그래요? 별일 없었습니까?
A 예, 덕분에요. 실은 이번에 정식으로 일본 지사에 전근 가게 되었습니다.
B 예? 정말이에요? 그거 축하드립니다.

☆ お久しぶりです。あれからみなさんもお変りありませんか。
오랜만입니다. 그동안 여러분도 별일 없었습니까?

昨日(きのう) 어제	동사 과거형 + ばかりだ 막 ~한 참이다	
おかげさまで 덕분에	実(じつ)は 실은	今度(こんど) 이번
正式(せいしき) 정식	支社(ししゃ) 지사	転勤(てんきん) 전근
~ことになる ~하게 되다	おめでとうございます 축하합니다	

episode 106 기타

	이런 말 있을까요? ✗	일본 사람은 이렇게 말해요! ○
의견 잘 들었습니다	意見(いけん)よく聞(き)きました。	意見(いけん)ありがとうございました。
공부를 못합니다	勉強(べんきょう)が下手(へた)です。	勉強(べんきょう)ができません。
시켜 먹자!	注文(ちゅうもん)して食(た)べよう。	出前(でまえ)をとって食(た)べよう。
전화 바꿨습니다	電話(でんわ)変(か)えました。	お電話(でんわ)変(か)わりました。
머리하러 갑니다	髪(かみ)しに行(い)きます。	髪(かみ)をカット[パーマ]しに行(い)きます。
연말이 다가왔군요	年末(ねんまつ)が近(ちか)づいてきましたね。	年(とし)の瀬(せ)が押(お)し迫(せま)ってきましたね。
슬슬 가 보겠습니다	そろそろ行(い)きます。	そろそろ失礼(しつれい)します。
기대가 되네요	期待(きたい)ができますね。	楽(たの)しみですね。

내가 하는 말에 일본인이 인상을 찌푸린다면?

그런 일본어 표현2 없습니다

107 몸이 아플 때…
108 ~님이시군요
109 (바빠서) 정신이 없다
110 바람을 맞다
111 대충대충 하지 않는다면
112 다시는 이런 일이
113 물도 좋고 인심도 좋다
114 ~를 조심하다
115 하면 된다
116 무효
117 빈 캔
118 내일모레
119 1등 하다
120 기타

episode 107

몸이 아플 때...

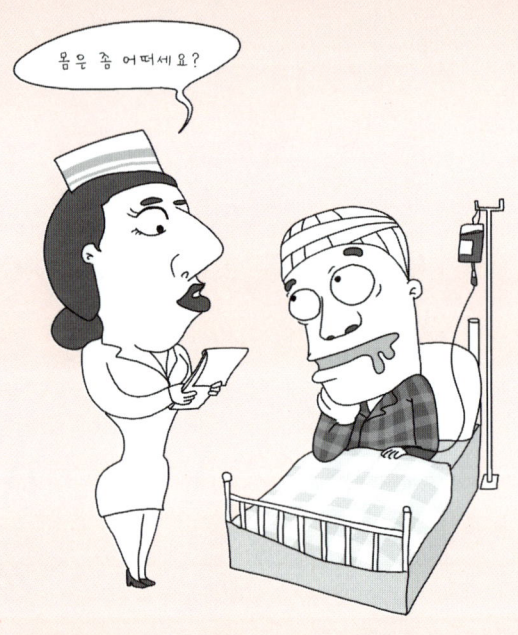

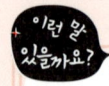
^{からだ} ^{いた} ^{とき}
体が痛い時

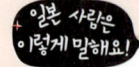
^{からだ} ^{ぐあい} ^{わる} ^{とき}
体の具合が悪い時

^{びょうき} ^{とき}
病気の時

「痛(いた)い 아프다」는 「頭(あたま)が痛い 머리가 아프다」, 「のどが痛い 목이 아프다」처럼 구체적인 부위가 아플 때 사용하지만, 단지 '몸이 아프다'라고 말할 때는 「体(からだ)の具合(ぐあい)が悪(わる)い 몸 상태가 나쁘다」 또는 「病気(びょうき) 병」라고 한다. (「体(からだ)が痛い」는 '온몸이 쑤시고 아프다'라는 뜻으로 쓰일 수 있다.)

A　木村さん、お母さんはお元気ですか。
B　はい、おかげさまで元気です。
A　東京で一緒に暮さないんですか。
B　ええ、田舎の方がいいと言ってきかないんですよ。
　　体の具合が悪い時、心配なんですが…。

A　기무라 씨, 어머님은 잘 계십니까?
B　네, 덕분에 잘 계십니다.
A　도쿄에서 함께 안 사세요?
B　네, 시골에서 사는 것이 좋다고 하셔서 함께 안 살아요. 몸이 아플 때는 걱정이 되는데……

☆　体の具合が悪いときは、無理せず医者にかかりましょう。
몸이 아플 때는 무리하지 말고 의사에게 치료를 받읍시다.

☆　仕事が忙しいので、病気のとき以外は会社を休めない。
일이 바빠서 몸이 아플 때 이외에는 회사를 쉴 수 없다.

元気(げんき)だ 건강하다, 기운이 나다　　暮(くら)す 살다
田舎(いなか) 시골　　体(からだ) 몸　　具合(ぐあい) 사정, 형편
悪(わる)い 나쁘다　　心配(しんぱい) 걱정　　～せず ～하지 말고(=～しないで)

~님이시군요

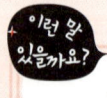
~様でございますね。　✗

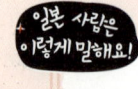
~様でいらっしゃいますね。　◯

「~でございます」는「~です」보다 정중한 표현으로, '물건'이나 '자신'에게는 사용할 수 있으나, '상대방'에 대한 경의의 표현으로는 쓸 수 없다. 상대방에 대해서는「~です」의 경어인「~でいらっしゃいます」를 사용해야 한다.

A あのう、アシアナの29日の高松行きのキャンセル待ちはどうなりましたか。
B 申し訳ございませんが、お客様、お名前のほうは。
A あ、すみません。吉田です。
B 吉田様でいらっしゃいますね。少々お待ちください。

A 저기, 아시아나의 29일 다카마쓰행 예약 대기는 어떻게 되었습니까?
B 죄송합니다만, 고객님, 성함은?
A 아, 미안합니다. 요시다입니다.
B 요시다 님이시군요. 조금만 기다려 주십시오.

☆ いらっしゃいませ、松田様でいらっしゃいますね。お待ちしておりました。
어서 오세요. 마쓰다 님이시군요. 기다리고 있었습니다.

☆ 松田様でいらっしゃいますか、お電話が入っております。
마쓰다 님이십니까? 전화가 와 있습니다.

~行(ゆ)き ~행
申(もう)し訳(わけ)ございません 죄송합니다
少々(しょうしょう) 조금, 잠시
いらっしゃいませ 어서 오세요

キャンセル待(ま)ち 예약 대기
お客様(きゃくさま) 손님
待(ま)つ 기다리다
電話(でんわ)が入(はい)る 전화가 걸려 오다

 (바빠서) 정신이 없다

精神がない

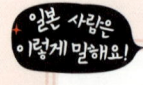
目が回りそうだ

'바빠서 정신이 없다'는 일본어로 다음과 같이 표현할 수 있다.

- 忙(いそが)しくて目(め)が回(まわ)りそうだ。 바빠서 눈이 돌 것 같다.
- 忙(いそが)しくて死(し)にそうだ。 바빠서 죽을 것 같다.
- 忙(いそが)しくて正気(しょうき)でない。 바빠서 제정신이 아니다.

A 同僚(どうりょう)が会社(かいしゃ)をやめたそうですね。
B 小1に上(あ)がった子供(こども)のためだそうです。
C 仕事(しごと)が増(ふ)えて、忙(いそが)しくて目(め)が回(まわ)りそうです。

A 동료가 회사를 그만두었다고 들었어요.
B 초등학교에 올라간 아이를 위해서 그랬다네요.
C 일이 많아져서, 바빠서 정신이 없어요.

同僚(どうりょう) 동료　　やめる 그만두다　　小1(しょういち) 초등학교 1학년
上(あ)がる 오르다　　増(ふ)える 증가하다　　忙(いそが)しい 바쁘다
回(まわ)る 돌다

Tip '(시끄러워서) 정신이 없다'라는 말은 딱 맞는 일본어가 없으므로, 「気(き)が散(ち)ってしょうがない」로 표현하면 된다.

- 小(ちい)さい子供(こども)が3人(にん)もいると、気(き)が散(ち)ってしょうがない。
  작은 아이가 3명이나 있으면, (시끄러워서) 정신이 없다.

 바람을 맞다

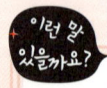
風にあたる

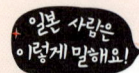
すっぽかされる

'바람맞다'의 한국어식 표현인 「風(かぜ)にあたる」는 '바람을 쐬다'라는 뜻으로, '약속한 상대가 연락도 없이 약속 장소에 나오지 않았을 때'에는 「すっぽかされる바람을 맞다」를 쓴다.

A どうしたんですか。
B 1時間(じかん)も待(ま)っているのに、友(とも)だちがまだ来(こ)ないんです。
A ええ、1時間も。連絡(れんらく)は取(と)れないんですか。
B ええ。すっぽかされたのかなあ。

A 무슨 일 있어요?
B 1시간이나 기다리고 있는데 친구가 아직 안 오네요.
A 우아. 1시간이나. 연락은 되지 않습니까?
B 예. 바람맞은 건가……

☆ 彼(かれ)に約束(やくそく)をすっぽかされちゃったよ。
그에게 약속을 바람맞았어.

☆ 彼女(かのじょ)が待(ま)ち合(あ)わせをすっぽかすなんて。何(なに)かあったのだろうか。
그녀가 약속을 어기다니…… 무슨 일이 있었던 걸까?

~も ~도, ~이나   待(ま)つ 기다리다   ~のに ~는데
まだ 아직   連絡(れんらく) 연락   取(と)る 취하다. 따다. 잡다
待(ま)ち合(あ)わせ 만나기로 함

episOde 111 대충대충 하지 않는다면

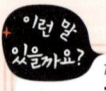
大体でしなければ

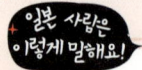
手を抜かないでやれば

NHK에서 B'z의 밀착 취재 다큐멘터리가 방송되었는데, B'z의 음반이 잘 팔리는 이유를 취재를 통해서 찾아냈다. 그것은 '우직한 노력을 부지런히 쌓는 2명의 모습이었다'라는 심플한 결론이었다.

A 日本でいちばん売り上げの多い歌手ってだれですか。

B やっぱりB'z(ビーズ)じゃないですかね。20年間で7000万枚以上も売っていますからね。

C 手を抜かないでやれば、いい結果が出るって、NHKの番組のインタビューで言っていましたよ。

A 일본에서 가장 매출이 많은 가수는 누구입니까?
B 역시 B'z가 아닐까요? 20년 동안에 7000만 장 이상이나 팔리고 있으니까요.
C 대충대충 하지 않는다면 좋은 결과가 나온다고, NHK 프로그램 인터뷰에서 말했어요.

大体(だいたい) 대충
歌手(かしゅ) 가수
手(て)を抜(ぬ)く 대충 하다
言(い)う 말하다
売(う)り上(あ)げ 매상
やっぱり 역시
結果(けっか) 결과
多(おお)い 많다
売(う)る 팔다
番組(ばんぐみ) 프로그램

다시는 이런 일이

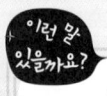
またこんなことが

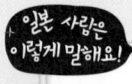
二度とこんなことが

한국어의 '다시'에 해당하는 일본어는 「もう一度(いちど) 한 번 더」, 「二度(にど)と 다시는」, 「また 또」가 있는데, 그 미묘한 뉘앙스의 차이는 예문을 통해 익히는 것이 외우기 쉽고 기억이 오래간다.

예 もう一度(いちど)行ってこい。 다시 갔다 와!

二度(にど)とやらない。 다시는 하지 않겠다.

明日(あした)また会(あ)いましょう。 내일 다시 만납시다.

A 1125万名(まんめい)の顧客情報(こきゃくじょうほう)が流出(りゅうしゅつ)したんだって。
B 大手企業(おおてきぎょう)の子会社(こがいしゃ)の社員(しゃいん)の仕業(しわざ)だそうですよ。
A 二度(にど)とこんなことがないようにしてもらわないと。

A 1125만 명의 고객 정보가 유출되었다네요.
B 대기업 자회사의 사원 짓이라던데요.
A 다시는 이런 일이 없도록 해야 되는데······.

☆ もう二度(にど)と電話(でんわ)しないでください。
이제 두 번 다시 전화하지 말아 주세요.

顧客(こきゃく) 고객　　情報(じょうほう) 정보　　流出(りゅうしゅつ) 유출
~って ~래요(*문장 끝에서 '전해 들은 정보를 옮겨 말하는 느낌'으로 쓰임)
大手(おおて)企業(きぎょう) 대기업　　　　　　子会社(こがいしゃ) 자회사
仕業(しわざ) 소행, 짓(*보통 좋지 않은 짓을 말함)　　~ように ~도록, ~하게

물도 좋고 인심도 좋다

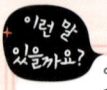
水もいいし、人心もいい。

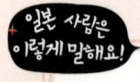
水もおいしいし、人情深い。

'공기가 좋다', '물이 좋다'는 각각 「きれいだ」, 「おいしい」라는 단어를 사용하여, 「空気(くうき)がきれいだ 공기가 깨끗하다」, 「水(みず)がおいしい 물이 맛있다」로 표현해야 한다. 또 '인심이 좋다'는 한국어에만 있는 표현으로, 일본어로는 「人情(にんじょう)深(ぶか)い」라고 한다.

A 出身地(しゅっしんち)は江原道(カンウォンド)です。
B どんな所(ところ)ですか。
A 空気(くうき)もきれいで、水(みず)もおいしくて、人情深(にんじょうぶか)い所(ところ)です。
B 行(い)ってみたいですね。

A 출신지는 강원도입니다.
B 어떤 곳입니까?
A 공기도 좋고, 물도 좋고, 인심도 좋은 곳입니다.
B 가 보고 싶군요.

☆ 大阪(おおさか)の人(ひと)は韓国(かんこく)の人(ひと)と似(に)て、人情深(にんじょうぶか)い。
오사카 사람은 한국 사람과 닮아서 인심이 좋다.

出身地(しゅっしんち) 출신지　　どんな 어떤　　所(ところ) 곳, 장소
空気(くうき) 공기　　きれいだ 깨끗하다, 예쁘다　　水(みず) 물
人情(にんじょう) 인정　　似(に)る 닮다

 ~를 조심하다

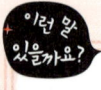
~を注意する

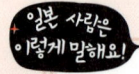
~に気をつける

「気(き) 정신, 마음」와 「つける 붙이다」를 붙여서 쓰면, 「気(き)をつける 조심하다, 정신 차리다」라는 자주 쓰이는 관용구가 된다. 또한, 「気をつける」는 앞에 조사 「に」를 취해서 「～に気をつける」의 형태로 쓰임에 유의한다.

A ここは事故が多いから車に気をつけてください。
B この前も、もう少しで事故になるところだったんですよ。
C 信号が青でも車に気をつけないといけませんね。

A 여기는 사고가 많으니까 차를 조심하세요.
B 일전에도 하마터면 사고가 날 뻔했어요.
C 신호등이 파란색이라도 차를 조심하지 않으면 안 되겠네요.

☆ 満員電車では痴漢に気をつけてください！
만원 전철에서는 치한을 조심해 주세요!

☆ 段差があるから気をつけて！
계단의 높이 차가 있으니까 조심해!

事故(じこ) 사고 　　**多**(おお)い 많다　　**車**(くるま) 자동차
もう少(すこ)**しで[あやうく]～ところだった** 하마터면 ~ 뻔했다
信号(しんごう) 신호　　**青**(あお) 파랑　　**満員**(まんいん) 만원, 사람이 가득 참
段差(だんさ) 계단의 높이 차

episode 115 하면 된다

이런 말 있을까요?
すればできる ✗

일본 사람은 이렇게 말해요!
やればできる ○

なせばなる

뚝심과 믿음의 김경문 감독이 이끄는 야구 대표팀이 베이징 올림픽 야구 결승전에서 선발 류현진의 눈부신 호투와 4번 타자 이승엽의 선제 2점 홈런에 힘입어 아마 최강 쿠바를 3-2로 누르고 금메달을 차지했다.

A やればできることをまた証明してくれましたね。

B 9戦全勝はすごかったですね。見直しました。

A 選手の実力を最後まで信じた監督。頭が下がります。

B その信頼に見事に応えた選手たち。本当にお疲れさま。

A 하면 된다는 것을 또 증명해 주었어요.
B 9전 전승은 대단했어요. (한국 야구를) 다시 봤어요.
A 선수의 실력을 끝까지 믿은 감독. 머리가 숙여집니다.
B 그 믿음에 멋지게 보답한 선수들. 정말로 수고하셨습니다.

☆ 成せば成る、成さねば成らぬ、何事も。
하면 된다. 하지 않으면 안 된다. 무슨 일이든.

☆ やればできると思うよ。がんばって！
하면 된다고 생각해. 힘내!

証明(しょうめい) 증명   동사 ます형 + 直(なお)す 다시 ~하다
頭(あたま)が下(さ)がる 머리가 숙여지다, 존경하지 않을 수 없다   見事(みごと)だ 훌륭하다, 멋지다
応(こた)える 보답하다   何事(なにごと)も 무슨 일이든

Tip 成せば成る : 에도시대, 요네자와한(현재의 야마가타 현 동남부)에 上杉鷹山(우에스기 요잔)이라는 영주가 있었는데, 그가 남긴 '재건의 마음가짐'에 대한 유명한 말이다.
이는 케네디 대통령의 좌우명으로도 유명하다. 에도시대의 한 일본인의 생각을 알고 존경하고 있었다는 사실에 인터뷰했던 일본 기자들도 깜짝 놀랐다는 에피소드가 있다.

episode 116 무효

ながい

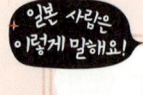
ながれ

화투판에서 자주 쓰는 '나가리'는 일본어 「流(なが)れ」의 잘못된 발음이다. 「流れ」는 '흐르다'라는 뜻인 「流(なが)れる」에서 온 말로, 어떤 일이 무효가 되었을 때, 계획이 허사가 되거나 중단되었을 때, 서로의 약속을 깨고 없었던 일로 할 때 등 여러 상황에서 많이 쓴다.

A いったん決まっていた内定がお流れになりました。
B いくら景気が悪いといっても企業もひどいね。
A 雇用不安がどんどん広がっていますね。

A 일단 정해졌던 내정이 없었던 일로 되었습니다.
B 아무리 경기가 나쁘다고 해도 기업도 너무하네요.
A 고용 불안이 자꾸자꾸 퍼지고 있어요.

☆ この前提出した企画、流れちゃったよ。いい案だと思ってたのに。

일전에 제출한 기획, 무효가 되었어. 좋은 계획이라고 생각하고 있었는데……

☆ 今日の飲み会は、みんなが忙しいのでお流れになりました。

오늘 회식은 모두가 바쁘기 때문에 취소되었습니다.

いったん 일단　　決(き)まる 정해지다　　内定(ないてい) 내정
流(なが)れ 깨짐, 무효(*お流(なが)れになる 예정된 일이 중지되다)
いくら 아무리　　景気(けいき) 경기　　~といっても ~라고 해도
企業(きぎょう) 기업　　雇用不安(こようふあん) 고용 불안
どんどん 점점　　広(ひろ)がる 퍼지다　　この前(まえ) 일전에
飲(の)み会(かい) 회식

episOde 117 빈 캔

空き缶はいつ出しますか？

재활용 쓰레기 수거일에 내놓아 주세요.

からかん
空缶

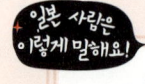
あ かん
空き缶

「空(から)~」는 원래부터 아무것도 없었을 때 많이 쓰며, 「空(あ)き~」는 있던 것이 완전히 없어졌을 때 사용한다.

예) 空梅雨からつゆ 마른장마　　空振からぶり 헛스윙
　　空あきビン 빈 병　　空あき缶かん 빈 캔

A 空き缶や空きビンはいつ出しますか。
B 資源ごみの日に出してください。
A じゃ、壊れた自転車は。
B 粗大ごみの日に出してください。

A 빈 깡통이나 빈 병은 언제 내놓나요?
B 재활용 쓰레기 수거 일에 내놓아 주세요.
A 그럼, 망가진 자전거는요?
B 대형 쓰레기 수거 일에 내놓아 주세요.

☆ 空き缶の投げ捨てはいけません。
　빈 캔을 (던져) 버려서는 안 됩니다.

☆ アルミの空き缶を集めるとお金になります。
　알루미늄 빈 캔을 모으면 돈이 됩니다.

空(あ)き缶(かん) 빈 캔　　空(あ)きビン 빈 병　　出(だ)す 꺼내다, 보내다
資源(しげん)ごみ 재활용 쓰레기　　　　　　　　　　日(ひ) 날
壊(こわ)れる 부서지다　　自転車(じてんしゃ) 자전거　粗大(そだい)ごみ 대형 쓰레기
投(な)げ捨(す)て 내던져 버림　いけません 안 됩니다　集(あつ)める 모으다

 내일모레

あした、あさって

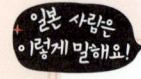
あさって

한국 사람은 내일의 다음 날인 '모레'를 '내일모레'라고도 하지만, 일본 사람은 '내일모레'라고 하면 '다음날'과 '다 다음 날'을 둘 다 지칭하는 뜻으로 알아듣는다.

A あした、あさって、私(わたし)の家(うち)で一緒(いっしょ)に勉強(べんきょう)しませんか。
B あしたとあさっての二日間(ふつかかん)ですか。
A いいえ、あさってだけです。
B ええ、いいですよ。一人(ひとり)でするより能率(のうりつ)が上(あ)がるし…。

A 내일, 모레 우리 집에서 함께 공부하지 않을래요?
B 내일과 모레 이틀 동안 말입니까?
A 아뇨, 모레만요.
B 네, 좋아요. 혼자서 하는 것보다 능률이 오를 테니까……

☆ あさってから学校(がっこう)が冬休(ふゆやす)みになります。
내일모레부터 학교가 겨울방학이 됩니다.

明日(あした) 내일	あさって 모레	一緒(いっしょ)に 함께
~だけ ~뿐, ~만	一人(ひとり)で 혼자서	~より ~보다
能率(のうりつ) 능률	上(あ)がる 오르다	冬休(ふゆやす)み 겨울방학

1등 하다

一等する

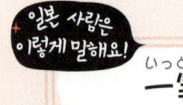
一等になる

'一等する'라는 일본어는 없고, 「〜になる 〜이 되다」를 써서, 「一等(いっとう)になる 1등이 되다」라고 해야 한다. 마찬가지로, '희생하다'의 일본어도 '犧牲する'가 아닌, 「犧牲(ぎせい)になる」가 되는 것에 유의한다.

A クラスで一等になったら、ほしいもの買ってちょうだい。
B いいよ。でもクラスで一等になるのは簡単じゃないよ。
A かけっこなら一等になれるかも…。

A 반에서 1등 하면, 갖고 싶은 것 사 주세요.
B 알았어. 하지만 반에서 1등 하는 것은 쉽지 않을 거야.
A 달리기 경주라면 1등 할 수 있을지도 모르죠.

☆ 彼の絵は、絵画コンクールで一等になりました。
그의 그림은 회화 콩쿠르에서 1등 했습니다.

☆ 一等になった人は1億円がもらえる。
1등 한 사람은 1억 엔을 받을 수 있다.

一等(いっとう) 1등　　**クラス** 학급, 반　　**ほしいもの** 갖고 싶은 것
〜てちょうだい 〜해 주세요　**簡単**(かんたん) 간단함　　**かけっこ** 달리기 경주
〜なら 〜라면　　**〜かも** 〜일지도 (*〜かもしれない의 줄임말)
絵画(かいが) 회화

기타

	이런 말 있을까요? ✗	일본 사람은 이렇게 말해요! ○
사진이 잘 나오다	写真がよく出る	写真うつりがいい
화장이 잘 먹는다	化粧がよく食べる	化粧ののりがいい
입만 아프다	口だけ痛い	いくら言ってもむだだ
날씨가 풀리다	天気が解ける	冷え込みがやわらぐ
눈총 받다	目の銃を受ける	白い目で見られる
~싶은 마음	~たい心	~たい思い
입장 바꿔 생각하다	立場を変えて考える	相手の立場で考える
손가락질 받다	指さしを受ける	後ろ指をさされる
마음을 독하게 먹다	心を強く食べる	心を鬼にする

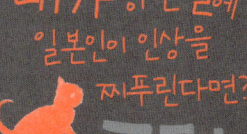

내가 하는 말에 일본인이 인상을 찌푸린다면?

그런 일본어 없습니다

문법

121 5시까지
122 이름이 뭐예요?
123 ~한 지 얼마 안 됐다
124 자는 편이 좋아요
125 과음하다
126 살기 좋은 집
127 노력한 만큼 능숙해지다
128 먹어도 됩니까?
129 창문에서
130 ~하기 힘들다
131 ~지도 모릅니다
132 다시 보다
133 앉으세요
134 기타

episode 121 5시까지

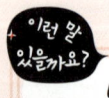
이런 말 있을까요?

5時(じ)まで

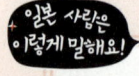
일본 사람은 이렇게 말해요!

5時(じ)までに

「～まで」는 '동작이나 상태가 어떤 시점까지 계속되는 것'을 나타내고, 「～までに」는 '동작의 기한'을 나타낸다. 따라서 「5時(じ)までする」는 '5시까지 (계속)하다'라는 뜻이고, 「5時(じ)までにしなければならない」는 '5시까지 해야 한다'라는 뜻으로 최종적으로 이루어져야 할 시점을 나타낸다.

A 忙(いそが)しいところすみません。これを日本語(にほんご)に翻訳(ほんやく)していただけませんか。
B いいですよ。何時(なんじ)までにすればいいですか。
A 遅(おそ)くても5時までにしていただけませんか。
B がんばってみます。

A 바쁘신데 죄송합니다. 이것을 일본어로 번역해 주실 수 없습니까?
B 좋아요. 몇 시까지 하면 됩니까?
A 늦어도 5시까지 해 주실 수 없을까요?
B 열심히 해 보겠습니다.

☆ 暗(くら)くなるのが早(はや)いから、5時(じ)までには帰(かえ)ってきなさい。
빨리 어두워지니까, 5시까지는 돌아와.

☆ 何時(なんじ)までにこの仕事(しごと)を終(お)わらせたらいいですか。
몇 시까지 이 일을 끝내면 됩니까?

忙(いそが)しい 바쁘다　　翻訳(ほんやく) 번역　　～ていただけませんか
~해 주실 수 없습니까?　　遅(おそ)い 늦다　　がんばる 열심히 하다, 힘내다
暗(くら)い 어둡다

 이름이 뭐예요?

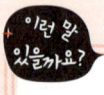
名前が何ですか。

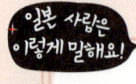
名前は何ですか。

 일본어에서는 「どこ 어디」, 「何(なん) 무엇」, 「だれ 누구」 등의 의문사 앞에는 「が」대신 「は」를 써야 한다.

A ところで先生のお名前は何ですか。

B あっ、まだでしたね。「ふじさわ」です。

A 「ひゅじさわ」？ 先生の名前、おもしろいですね。

B 「ひゅじさわ」じゃなくて、「ふじさわ」です。

A 그런데 선생님의 성함은 무엇입니까?
B 아, 아직이었죠[말씀 안 드렸죠]. '후지사와'입니다.
A '휴지 사 와'? 선생님 성함은 재미있군요.
B '휴지 사 와'가 아니라 '후지사와'입니다.

☆ これは何ですか。

이것은 무엇입니까?

☆ あの人は誰ですか。

저 사람은 누구입니까?

ところで 그런데 (*화제를 바꿀 때 주로 사용함)   **お名前**(なまえ) 성함, 이름

まだ 아직   **おもしろい** 재미있다   **〜じゃなくて** 〜이 아니고

~한 지 얼마 안 됐다

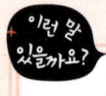
~たところ ✗

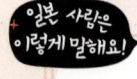
~たばかり ○

「〜たところ」는 '지금 막 〜한 참이다'라는 뜻으로, 동작의 완료 직후임을 나타낸다.

「〜たばかり」는 '〜한 지 얼마 안 되다'라는 뜻으로, 어떤 일이 일어나고 나서 그다지 시간이 지나지 않았음을 나타낼 때 사용한다. 「たった今(いま) 지금 막」, 「3日(みっか)前(まえ)に 삼 일 전에」, 「先月(せんげつ) 지난달」, 「去年(きょねん) 작년」 등과 함께 쓸 수 있다.

A あの二人、もう離婚するんですか。

B そうみたいですね。

A 去年結婚したばかりなのに。

B 最近、離婚する人が増えましたね。

A 그 두 사람, 벌써 이혼합니까?
B 그런 것 같아요.
A 작년에 결혼하고 얼마 안 되었는데……
B 요즈음 이혼하는 사람이 늘었어요.

☆ 今度はヨーロッパへ旅行に行くの？ 先週アメリカから帰国したばかりなのに。

이번에는 유럽으로 여행 가는 거야? 지난주에 미국에서 막 귀국한 참인데……

☆ 買ったばかりの服に、もう穴が開いてしまった。

산 지 얼마 안 된 옷에 벌써 구멍이 나 버렸다.

二人(ふたり) 두 명　　もう 벌써, 이제, 더　　離婚(りこん) 이혼
〜みたい 〜인 것 같다　　去年(きょねん) 작년　　結婚(けっこん) 결혼
〜のに 〜는데　　最近(さいきん) 최근　　増(ふ)える 늘어나다
穴(あな)が開(あ)く 구멍이 나다

episode 124 자는 편이 좋아요

寝るほうがいいですよ。 ×

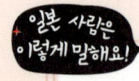
寝たほうがいいですよ。 ○

「～ほうがいいです」는 '～하는 편이 좋습니다'라는 뜻으로, '동사의 과거형(た형)'에 접속한다. 반대로 '～하지 않는 편이 좋습니다'라고 할 때는 '그냥 ない형'을 써서, 「～ないほうがいいです」라고 하면 된다.

예) 日本に行ったほうがいいです。 일본에 가는 편이 좋습니다.
日本に行かないほうがいいです。 일본에 가지 않는 편이 좋습니다.

A どうしたんですか。顔が赤いですよ。
B ちょっと熱があるんです。
A じゃ、今日は早く家へ帰って寝たほうがいいですよ。
B そうします。

A 어디 안 좋으세요? 얼굴이 빨개요.
B 조금 열이 있어요.
A 그럼 오늘은 일찍 집에 들어가서 자는 편이 좋겠네요.
B 그렇게 하겠습니다.

☆ 明日早いんですよね。早めに寝たほうがいいんじゃないですか。
내일 일찍 일어나야 하지요? 조금 일찍 자는 편이 좋지 않습니까?

☆ もう休んだほうがよさそうだよ。顔が疲れてる。
이제 쉬는 편이 좋을 거 같아. 얼굴이 피곤해 보여.

どうしたんですか 무슨 일입니까?　　　顔(かお) 얼굴
赤(あか)い 빨갛다　　　熱(ねつ) 열　　　早(はや)く 빨리
帰(かえ)る 돌아가다, 돌아오다　　　寝(ね)る 자다, 눕다　　　早(はや)めに 조금 이른 듯하게
疲(つか)れる 피곤하다

과음하다

過飲する

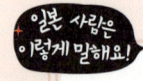
飲みすぎる

「すぎる 지나가다」가 「동사 ます형 / い형용사 어근 / な형용사 어근 + すぎる」의 형태로 쓰이면 '너무 ~하다'의 뜻이 된다.

예 食(た)べすぎる。 너무 먹다.
　 高(たか)すぎる。 너무 비싸다.
　 親切(しんせつ)すぎる。 너무 친절하다.

A どうしたんですか。顔色(かおいろ)がよくないですよ。
B 二日酔(ふつかよ)いですよ。頭(あたま)がまだガンガンしているんです。
A また飲(の)みすぎたんですね。
B 接待(せったい)がこう毎日続(まいにちつづ)くとたまりませんよ。

A 무슨 일 있어요? 안색이 안 좋아요.
B 숙취예요. 머리가 아직 띵해요.
A 또 과음했군요.
B 접대가 이렇게 매일 계속되면 못 견딜 거예요.

☆ 彼(かれ)はお酒(さけ)を飲(の)みすぎて倒(たお)れ、救急車(きゅうきゅうしゃ)で運(はこ)ばれた。
　 그는 술을 너무 많이 마셔 쓰러져서, 구급차로 실려 갔다.

☆ 久々(ひさびさ)に食(た)べすぎてしまいました。
　 오래간만에 과식해 버렸습니다.

顔色(かおいろ) 안색, 얼굴색　　よくない 좋지 않다　　二日酔(ふつかよ)い 숙취
頭(あたま) 머리　　ガンガンする 욱신욱신 쑤시다
接待(せったい) 접대　　続(つづ)く 계속되다　　たまる 견디다, 참다
倒(たお)れる 쓰러지다　　運(はこ)ぶ 나르다, 운반하다　　久々(ひさびさ)に 오랜만에

episode 126 살기 좋은 집

住(す)みいい家(いえ) ✗

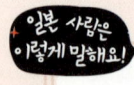
住(す)みやすい家(いえ) ○

「やすい 싸다」는 「동사 ます형 + やすい」의 형태로 '~하기 쉽다'의 뜻이 되며, 반대의 뜻은 「동사 ます형 + にくい ~하기 어렵다」이다.

예) サンドイッチは食べやすいです。 샌드위치는 먹기 쉽습니다.

この靴は、かかとが高すぎて歩きにくい。 이 구두는 뒷굽이 너무 높아서 걷기 힘들다.

A お住まいはどちらですか。漢江が見える所だと聞きましたが…。
B 玉水洞です。駅から歩いて5分の所です。
A マンションですか。
B いいえ、でも住みやすい家です。

A 사는 곳은 어디십니까? 한강이 보이는 곳이라고 들었는데…….
B 옥수동입니다. 역에서 걸어서 5분 거리입니다.
A 아파트입니까?
B 아니요, 그렇지만 살기 좋은 집입니다.

☆ 最近引っ越しした新築マンションはとても住みやすい家だ。
최근에 이사한 신축 아파트는 매우 살기 좋은 집이다.

☆ 住みやすい家だったが、老朽化のため建て直さなければならなくなった。
살기 좋은 집이었지만, 노후화 때문에 다시 지어야 하는 상황이 되었다.

お住(す)まい 사는 곳, 집　　見(み)える 보이다　　所(ところ) 곳, 장소
引(ひ)っ越(こ)し 이사　　新築(しんちく) 신축　　老朽化(ろうきゅうか) 노후화
建(た)てる (건물을) 짓다　　동사 ます형+直(なお)す 다시 ~하다

episode 127 노력한 만큼 능숙해지다

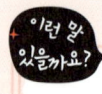
努力したほど、上手になる。　✗

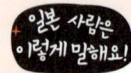
努力した分、上手になる。　

努力しただけ、上手になる。

「〜ほど」가 '〜 만큼'의 뜻으로 쓰이는 경우는 두 가지가 있다.

1. 뒤에 '부정어'가 올 때!
   - 예) 東京(とうきょう)はソウルほど寒(さむ)くない。 도쿄는 서울만큼 춥지 않다.
2. '정도(로)'로 해석해도 뜻이 통할 때!
   - 예) お金(かね)があまるほどある。 돈이 남아돌 만큼 있다.

A 早(はや)く日本語(にほんご)が上手(じょうず)になる方法(ほうほう)を教(おし)えてください。
B 何度(なんど)も文章(ぶんしょう)を口(くち)に出(だ)して言(い)ってみることですね。
C そして実際(じっさい)に使(つか)ってみることですね。
D 努力(どりょく)した分(ぶん)、上手になります。

A 빨리 일본어가 능숙해지는 방법을 가르쳐 주세요.
B 몇 번이고 문장을 소리 내서 말해 보는 것이죠.
C 그리고 실제로 사용해 보는 것이죠.
D 노력한 만큼, 능숙해질 것입니다.

上手(じょうず)だ 능숙하다, 잘하다　　方法(ほうほう) 방법
教(おし)える 가르치다　　文章(ぶんしょう) 문장　　実際(じっさい)に 실제로
使(つか)う 사용하다　　努力(どりょく) 노력　　〜分(ぶん) 부분, 분량

먹어도 됩니까?

一つ食べてもいいですか？

食べてもなりますか。

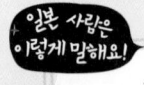
食べてもいいですか。

한국어의 '됩니까?'는 3가지 형태의 일본어로 표현된다.

1. 동사 て형 + てもいいですか
   - 예) 食べてもいいですか。 먹어도 됩니까?
2. '수량'을 나타내는 말 + ある
   - 예) 駅えきまで3キロありますか。 역까지 3킬로미터 됩니까?
3. 동사「なる 되다」의 ます형
   - 예) いくらになりますか。 얼마가 됩니까?

A わあ、おいしそうですね。
B 一つ食べてもいいですか。
C これはお客様のですから、つまみ食いは絶対にいけませんよ。

A 와, 맛있겠네요.
B 하나 먹어도 돼요?
C 이것은 손님 거니까, 집어 먹으면 절대 안 돼요.

☆ お腹がすきました。先に食べてもいいですか。
배가 고픕니다. 먼저 먹어도 됩니까?

☆ 試食販売している物は食べてもいいですか。
시식 판매하고 있는 것은 먹어도 됩니까?

お客様(きゃくさま) 손님　　つまみ食(ぐ)い 군것질, 집어 먹는 것
絶対(ぜったい)に 절대로　　いけません 안 됩니다　　お腹(なか)がすいた 배가 고프다
先(さき)に 먼저　　試食(ししょく) 시식　　販売(はんばい) 판매

창문에서

家の窓から南山が見える

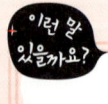 窓で

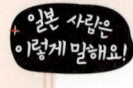 窓から

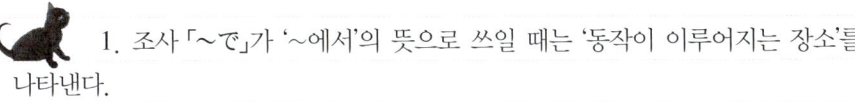

1. 조사「～で」가 '～에서'의 뜻으로 쓰일 때는 '동작이 이루어지는 장소'를 나타낸다.

   예) 一日中(いちにちじゅう)図書館(としょかん)で勉強(べんきょう)した。 하루 종일 도서관에서 공부했다.

2. 조사「～から」가 '～에서'의 뜻으로 쓰일 때는 '경유', '경로'를 나타낸다.

   예) 窓(まど)から公園(こうえん)が見(み)えます。 창문에서[창문으로부터] 공원이 보입니다.

A 家(いえ)の窓(まど)から何(なに)が見(み)えますか。
B 私(わたし)の家(いえ)からは南山(ナンサン)が見えます。
C 僕(ぼく)の家(いえ)からは漢江(ハンガン)が見えます。

A 집 창문에서 무엇이 보입니까?
B 저의 집에서는 남산이 보입니다.
C 제 집에서는 한강이 보입니다.

☆ 寒(さむ)い地域(ちいき)は雪(ゆき)が高(たか)く積(つ)もってドアが開(あ)けられないから、窓(まど)から出入(でい)りするって聞(き)いたことがあるよ。
추운 지방은 눈이 높게 쌓여서 문을 열 수 없기 때문에, 창문으로(부터) 출입한다고 들은 적이 있어.

☆ 窓(まど)からカーテンが風(かぜ)になびいていた。
창문으로부터 커튼이 바람에 나부끼고 있었다.

| 窓(まど) 창문 | 見(み)える 보이다 | 僕(ぼく) 나, 저 |
| 積(つ)もる 쌓이다 | 出入(でい)りする 출입하다 | なびく (바람, 물의 힘으로) 옆으로 쏠리다 |

~하기 힘들다

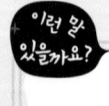
~にくい ✗

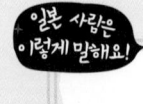
~づらい ○

「동사 ます형 + にくい」는 외형적인 이유로 '~하기 어렵다'고 말할 때 사용하며, 「동사 ます형 + づらい」는 육체적·정신적 고통으로 '~하기 힘들다[괴롭다]'고 말할 때 사용한다. 「~づらい」는 「~にくい」보다 곤란한 정도가 강하다.

예 このペンは太(ふと)くて書(か)きにくい。 이 펜은 두꺼워서 쓰기 어렵다.
住(す)みづらい世(よ)の中(なか) 살기 힘든 세상

A また カレー?
B うん。一晩(ひとばん)寝(ね)かせたから、昨日(きのう)よりいけるよ。
A 3日連続(みっかれんぞく)はちょっと食(た)べづらいな。
B じゃ、カレーうどんにする?

A 또 카레야?
B 응. 하룻밤 재웠기 때문에, 어제보다 맛있을 거야.
A 3일 연속은 좀 먹기 힘들어.
B 그럼, 카레 우동으로 할래?

☆ 働(はたら)きづらい職場(しょくば)はいやだな。
일하기 힘든 직장은 싫은데…….

☆ 上司(じょうし)がまだいるから帰(かえ)りづらいね…。
상사가 아직 있어서 집에 가기 힘들어…….

カレー 카레　　一晩(ひとばん) 하룻밤　　寝(ね)かせる 재우다, 묵히다
いける 꽤 먹을 만하다, 괜찮다　　連続(れんぞく) 연속　　働(はたら)く 일하다
上司(じょうし) 상사

~지도 모릅니다

~かもしいません。 ✗

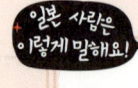
~かもしれません。 ○

「知(し)りません。모릅니다.」은 「知(し)っています。알고 있습니다.」의 부정형으로 「〜かも」와 함께 쓰일 수 없다.
반면, 「知(し)れません。」은 「〜かも」와 함께 쓰여, 「〜かも知(し)れません」의 형태로 '〜지도 모릅니다'의 뜻이 된다.

A 同性結婚を認めている国が7つもあるそうですよ。
B アメリカでは5つの州で認めているそうですね。
A このままだと歯止めがかからなくなるかも知れません。

A 동성 간의 결혼을 인정하는 나라가 7개국이나 있다고 해요.
B 미국에서는 5개 주에서 인정하고 있다고 하네요.
A 이대로라면 제동이 걸리지 않게 될지도 모릅니다.

☆ もしかしたら、もう少し日本にいるかもしれません。
어쩌면 좀 더 일본에 있을지도 모릅니다.

☆ 案外、彼女は気にしてないかもしれない。
의외로 그녀는 신경 쓰고 있지 않을지도 모른다.

同性(どうせい) 동성(남성끼리, 여성끼리)　　**結婚**(けっこん) 결혼
認(みと)**める** 인정하다　　**国**(くに) 나라, 고향　　**州**(しゅう) 주
このままだと 이대로라면　　**歯止**(はど)**め** 브레이크, 제동　　**かかる** 걸리다
案外(あんがい) 의외로　　**気**(き)**にする** 신경 쓰다, 걱정하다

episode 132 다시 보다

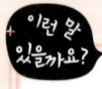
また見る

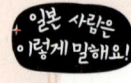
見直す

「동사 ます형 + 直(なお)す」는 '다시 ~하다'의 뜻이다. 따라서 「見直(みなお)す」는 '다시 보다', '달리 보다', '재인식하다'의 뜻이 된다.

例 おもしろい映画(えいが)はまた見(み)たくなる。 재밌는 영화는 또 보고 싶어진다.
　　彼(かれ)の人柄(ひとがら)を見直(みなお)した。 그의 인격을 다시 봤다.

A　彼、一流企業(かれ、いちりゅうきぎょう)に内定(ないてい)が決(き)まっていたのに、お笑(わら)いに進(すす)んだそうです。
B　本当(ほんとう)ですか。人(ひと)は見(み)かけによりませんね。
C　へええ、知(し)らなかった。ちょっと見直(みなお)しました。

A　그는 일류 기업에 내정되어 있었는데도, 코미디계로 진출했대요.
B　정말요? 사람은 겉보기랑 다르군요.
C　진짜요, 몰랐어요! 좀 다시 봤네요.

☆　彼(かれ)、やる時(とき)はやるんですね。見直(みなお)しました。
　　그 사람, 할 때는 하네요. 다시 봤어요.

☆　彼女(かのじょ)も見直(みなお)しました。本当(ほんとう)はいい人(ひと)ですね。
　　그녀도 다시 봤어요. 사실은 좋은 사람이군요.

一流(いちりゅう) 일류　　企業(きぎょう) 기업　　内定(ないてい) 내정, 내부적으로 결정함
決(き)まる 결정되다　　お笑(わら)い 코미디
進(すす)む 나아가다, 진출하다　　見(み)かけによらない 보기와는 다르다 (*見(み)かけ 겉보기 + ~によらない ~에 의하지 않다)

episode 133 앉으세요

座りなさい。

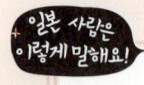
お座りください。

「座(すわ)りなさい。앉아요.」에서「동사 ます형 + なさい」는 흔히 '손아랫사람에게 다정하게 명령할 때' 쓰는 표현이므로, 경의를 나타내는 표현인「座ってください。앉아요.」또는「お座りください。앉아요.」로 바꿔서 말하는 것이 좋다.

예 使(つか)う 사용하다

[동사 て형 + ください] 使ってください。사용해 주세요.
[お + 동사 ます형 + ください] お使いください。사용해 주세요.

A　いらっしゃいませ。どうぞ、こちらへ。

B　あ、どうも。

A　どうぞこちらにお座(すわ)りください。

B　灰皿(はいざら)をもらえますか。

A　어서 오십시오. 자, 이쪽으로.
B　아, 감사합니다.
A　자, 이쪽에 앉으세요.
B　재떨이 좀 주시겠습니까?

☆　どうぞこちらからお入(はい)りください。
　　어서 이쪽으로 들어오세요.

座(すわ)る 앉다　　　　　　いらっしゃいませ 어서 오세요
こちら 이쪽　　　　　　　　〜へ 〜에, 〜으로　　　　灰皿(はいざら) 재떨이
入(はい)る 들어가다, 들어오다

episode 134 기타

	이런 말 있을까요? ✗	일본 사람은 이렇게 말해요! ○
선생님 덕분에	先生のおかげさまで	先生のおかげで
빌려 드릴까요?	お貸しましょうか。	お貸ししましょうか。
많은 사람	多い人	多くの人
예약하지 않고	予約しなくて	予約しないで
비를 맞다	雨を降られる	雨に降られる
불쾌하기 짝이 없다	不愉快きわめない	不愉快きわまりない
바쁘신데…	お忙しいことを	お忙しいところを

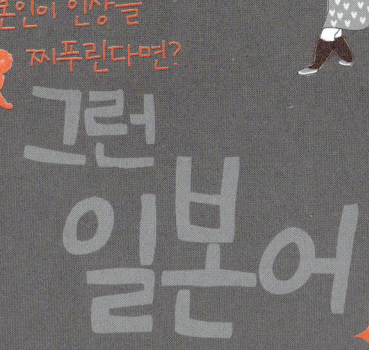

내가 하는 말에 일본인이 인상을 찌푸린다면?

그런 일본어 없습니다

학교 가정

135 금옥 초등학교
136 선생님
137 학생
138 단독주택 / 아파트
139 집에 없는 것
140 부부 싸움
141 동거
142 황혼 이혼
143 큰아이 / 작은아이
144 우리 남편
145 기타

# 135 금옥 초등학교

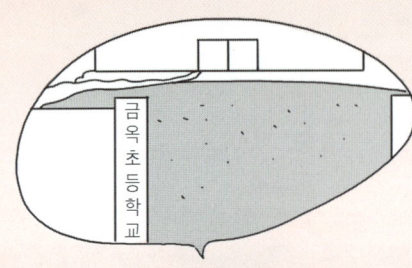

 金玉小等学校 ✗

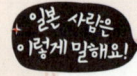 金玉小学校(しょうがっこう) ○

옥수역과 금호역 중간 위치에 '금옥 초등학교'라는 학교가 있다. 한글로 읽으면 아무 이상 없지만, 한자 이름을 일본어로 읽으면 웃음이 나온다. 일본어로「金玉(きんたま)」는 '불알'이라는 뜻이기 때문이다.

A 日曜日は何をしますか。

B 近くの小学校で子供たちとサッカーをしています。

A 学校の名前がおもしろいと聞きましたが…。

B そうなんです。金玉小学校って言うんですよ。

A 일요일에는 무엇을 합니까?
B 근처 초등학교에서 아이들과 축구를 하고 있습니다.
A 학교의 이름이 재미있다고 들었는데…….
B 그렇습니다. 금옥 초등학교라고 합니다.

☆ 父は高校の教師で、母は小学校の先生です。
아버지는 고등학교 교사이며, 어머니는 초등학교 선생님입니다.

日曜日(にちようび) 일요일   近(ちか)く 근처   小学校(しょうがっこう) 초등학교
(*中学校(ちゅうがっこう) 중학교, 高校(こうこう) 고등학교, 大学(だいがく) 대학교)
子供(こども) 아이   サッカー 축구   名前(なまえ) 이름
おもしろい 재미있다   聞(き)く 듣다, 묻다   ～って ～라고
言(い)う 말하다   教師(きょうし) 교사

episode 136 선생님

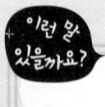
先生様

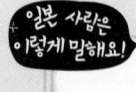
先生

일본어에서는 「先生(せんせい)」 그 단어 자체에 존경의 뜻이 있으므로 '先生様'라고 하지 않는다.

A うれしそうですね。
B ええ、先生様から手紙が来たんです。
A それはよかったですね。でも日本語では、先生には様をつけなくてもいいんですよ。
B 韓国語ではつけないとだめなんですが…。

A 기분 좋은 것 같군요[뭐 좋은 일 있었어요?].
B 예, 선생님에게서 편지가 왔습니다.
A 그거 좋으시겠네요. 그런데 일본어에서는 선생님에게는 '사마(님)'를 붙이지 않아도 괜찮아요.
B 한국어에서는 붙이지 않으면 안 되는데…….

☆ 先生、どうして神父さんは結婚できないんですか。
선생님! 어째서 신부님은 결혼을 못하는 겁니까?

うれしい 기쁘다	～そうです ～인 것 같습니다	手紙(てがみ) 편지
来(く)る 오다	よかった 잘됐다	でも 하지만
つける 붙이다	～なくてもいい ～(하지) 않아도 되다	
韓国語(かんこくご) 한국어	だめだ 안 되다	神父(しんぷ) 신부

 학생

 がくせい
学生

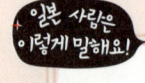 せいと
生徒

일본에서는 초·중·고등학생은 주로 「生徒(せいと) 학생」라고 하고, 대학생 이상은 「学生(がくせい) 학생」라고 한다.

A ソウルにも日本人学校がありますか。
B はい、ケポ洞にありますよ。
A 生徒は何人ぐらいいますか。
B さあ、それはよくわかりません。幼稚部から中学部まであるそうですよ。

A 서울에도 일본인 학교가 있습니까?
B 네, 개포동에 있어요.
A 학생은 몇 명 정도 있습니까?
B 글쎄요, 그것은 잘 모르겠습니다. 유치부부터 중학부까지 있다던데요.

☆ 生徒の可能性を伸ばすのが先生の役割だ。
학생의 가능성을 신장시키는 것이 선생님의 역할이다.

☆ 受験勉強ばかりで夢のない生徒がかわいそうだ。
수험 공부만 하고 꿈이 없는 학생이 불쌍하다.

何人(なんにん) 몇 명
幼稚(ようち) 유치
中学(ちゅうがく) 중학
伸(の)ばす 늘이다, 신장시키다
かわいそうだ 불쌍하다

さあ 글쎄
〜部(ぶ) 〜부
〜まで 〜까지
役割(やくわり) 역할

よく 잘, 자주
〜から 〜부터
〜そうです 〜랍니다
夢(ゆめ) 꿈

episode 138 단독주택 / 아파트

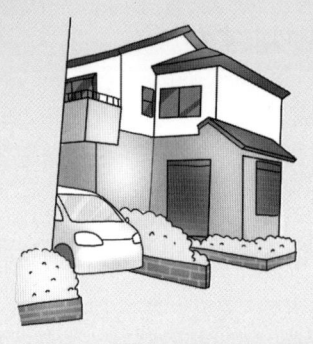

たんどくじゅうたく
単独住宅

アパート

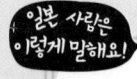

いっこだ
一戸建て

マンション

'단독주택'을 일본어로는 「一戸建(いっこだ)て」라고 한다.
또한, 일본에서 '아파트'라고 하면 한국에서와 같은 그런 고층 아파트가 아니라, '목조 2층 건물'이나 '(한국의) 연립주택' 같은 건물을 가리킨다. 한국의 아파트와 같은 형태는 일본에서 「マンション」이라 불린다.

A お住まいはマンションですか。

B いいえ、一戸建てです。

A 持ち家ですか、借家ですか。

B 借家です。庭つきの二階建ての家です。

A 댁은 아파트입니까?
B 아니요, 단독주택입니다.
A 소유하신 집입니까? 셋집입니까?
B 셋집입니다. 정원이 딸려 있는 2층짜리 집입니다.

☆ 一戸建ての家よりマンションのほうが住みやすい。
단독주택보다 아파트 쪽이 살기 좋다.

☆ ローンで買った一戸建ての家です。
대출로 산 단독주택입니다.

お住(す)まい 사는 곳, 주소 **持(も)ち家(いえ)** 자기 소유의 집 **借家(しゃくや)** 집을 세냄, 셋집

庭(にわ) 마당, 정원 **~つき** ~ 딸린 **~階建(かいだ)て** ~층짜리

ローン 대출(loan)

 집에 없는 것

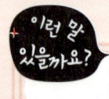 家にいないこと

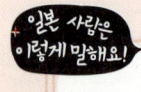 留守

「亭主丈夫(ていしゅじょうぶ)で留守(るす)がよい。」는 '남편은 건강하고 돈을 잘 벌어다 주는 게 좋지만, 집에 있으면 시끄럽기 때문에 집에 없는 것이 조용하고 좋다'고 하는 아내들의 말이다. 옛날 CF에도 쓰이며 유행어가 되기도 하였다.

A 出張だというと家内が喜ぶんですよ。
B 「亭主丈夫で留守がよい」ですね。
C うちは「亭主丈夫で留守番がよい」ですよ。

A 출장이라고 하면 아내가 좋아해요.
B '남편은 건강하고 집에 없는 게 좋다'로군요.
C 우리 집은 '남편은 건강하고 집 지키는 게 좋다'예요.

☆ 留守中に宅配便が届いたようです。
부재중에 택배가 도착한 것 같습니다.

☆ 電気が消えているから留守かも知れません。
불이 꺼져 있으니, 부재중일지도 모릅니다.

出張(しゅっちょう) 출장　　家内(かない) 아내　　喜(よろこ)ぶ 기뻐하다
亭主(ていしゅ) 남편(＝夫(おっと), 主人(しゅじん), 旦那(だんな))
丈夫(じょうぶ)だ 건강하다　　留守(るす) (외출하여) 집에 없음, 부재중
よい 좋다　　留守番(るすばん) 빈집을 지킴, 또는 집 지키는 사람
届(とど)く 도착하다　　消(き)える 꺼지다, 사라지다　　～かも知(し)れません ～일지도 모릅니다

episode 140 부부 싸움

夫婦の戦い ✗

夫婦げんか ○

「戦(たたか)い 싸움」는 '나라끼리나 집단 사이의 싸움', '자기와의 싸움' 등에 쓰이며, 「喧嘩(けんか) 싸움」는 '개인적인 다툼'의 경우에 사용한다.

예) マラソンは孤独(こどく)との戦(たたか)いである。 마라톤은 고독과의 싸움이다.
子供(こども)の時(とき)は、姉(あね)と喧嘩(けんか)ばかりしていた。 어릴 때는 누나[언니]와 싸움만 했다.

A 子育てで気をつけていることは何ですか。
B 子供たちの前では、夫婦げんかをしないことです。
A じゃ、夫婦げんかはあまりしないんですか。
B よくしますよ。でも、その日のうちに仲直りします。

A 아이를 키울 때 주의해야 할 점은 무엇입니까?
B 아이들 앞에서는 부부 싸움을 하지 않는 겁니다.
A 그럼, 부부 싸움은 별로 하지 않습니까?
B 자주 해요. 그렇지만 그날 중에 화해합니다.

☆ ケンカをしながら仲よくなる。
싸움하면서 사이가 좋아진다.

☆ 夫婦ゲンカをしたことがありません。
부부 싸움을 한 적이 없습니다.

子育(こそだ)て 아이 키우기　　気(き)をつける 조심하다, 주의하다
子供(こども) 아이　　～たち ~들　　前(まえ) 앞
夫婦(ふうふ) 부부　　喧嘩(けんか) 싸움　　あまり～ない 그다지 ~ 않다
よく 자주, 잘　　～のうちに ~ 중에, ~ 동안에　　仲直(なかなお)り (개인적인 작은 일에 대한) 화해 (*和解(わかい) 거론될 만한 복잡한 일이나 민사 재판 등의 화해)
仲(なか)がいい 사이가 좋다

 동거

결혼한다던데요~

同棲生活に区切りを
つけたそうですよ

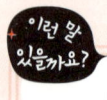
どうきょ
同居

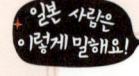
どうせい
同棲

한국어의 '(사랑하는 남녀 사이의) 동거'에 해당하는 말은 「同棲(どうせい)」로, '가족이나 그냥 친구와 함께 산다'고 할 때의 「同居(どうきょ) 동거」와 혼동하지 않도록 한다.

A 鈴木さん結婚するんだそうですね。

B 2年間の同棲生活に区切りをつけたそうですよ。

A そうだったんですか。仕事は続けるのかな。

B いいえ、やめてご主人の実家で同居するそうですよ。

A 스즈키 씨가 결혼한다던데요.
B 2년간의 동거 생활을 매듭지었다더군요.
A 그랬어요? 일은 계속하려나?
B 아니요, 그만두고 시댁에서 같이 산대요.

☆ 60%の若者が同棲を認めているそうですね。
60%의 젊은이가 동거를 인정하고 있다더군요.

結婚(けっこん) 결혼　　～そうです ~랍니다　　～年間(ねんかん) ~년간
区切(くぎ)りをつける 단락[매듭]을 짓다　　仕事(しごと) 일
続(つづ)ける 계속하다　　やめる 그만두다　　主人(しゅじん)の実家(じっか) 시댁
若者(わかもの) 젊은이　　認(みと)める 인정하다

episode 142 황혼 이혼

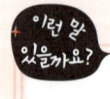
<small>たそがれ り こん</small>
黄昏離婚

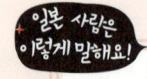
<small>じゅくねん り こん</small>
熟年離婚

30년 이상 함께 살았던 부부의 이혼이 최근 10년 사이에 전체 이혼 증가율의 2배나 될 정도로 급격하게 증가하고 있다고 한다. 그 대부분이 아내의 제기에 의한 것이라고 하니, 외로운 노년을 보내고 싶지 않으면 젊었을 때부터 아내에게 잘해 줘야 한다.

A 離婚する五組に一組は熟年離婚だそうですよ。
B そんな記事が新聞に出ていましたね。
A 日本でも30年以上の夫婦の離婚はここ10年で、三倍近く増えているそうですよ。
B 旦那が奥さんを大切にしないからですね。

A 이혼하는 다섯 쌍에 한 쌍은 황혼 이혼이라더군요.
B 그런 기사가 신문에 나와 있었지요.
A 일본에서도 30년 이상 함께 산 부부의 이혼은 최근 10년간 3배 가까이 증가하고 있다고 하더군요.
B 남편이 부인을 소중하게 대하지 않기 때문이죠.

離婚(りこん) 이혼　　～組(くみ) ~쌍　　記事(きじ) 기사
新聞(しんぶん) 신문　　出(で)る 나오다　　以上(いじょう) 이상
夫婦(ふうふ) 부부　　ここ 최근　　～倍(ばい) ~배
増(ふ)える 증가하다　　旦那(だんな) 남편　　奥(おく)さん 부인
大切(たいせつ)だ 소중하다

 큰아이 / 작은아이

 大きい子 / 小さい子

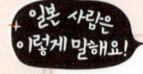 上の子 / 下の子

「大(おお)きい子(こ) / 小(ちい)さい子」는 '몸집이 큰 아이 / 몸집이 작은 아이'라는 뜻이므로, 나이를 기준으로 할 때는 「上(うえ)の子(こ) / 下(した)の子」라고 해야 한다.

단, 자녀가 3명 이상 있을 때는 「一番目(いちばんめ)の子(こ) 첫째 아이」, 「二番目(にばんめ)の子 둘째 아이」, 「三番目(さんばんめ)の子 셋째 아이」 … 「末(すえ)っ子(こ) 막내」라고 한다.

A お子さんは何人ですか。

B 二人です。大きい子が今小学3年で、小さい子が満6歳になったばかりです。

A ちょっとユリさん、大きい子は上の子で、小さい子は下の子と言ってください。

A 자제분은 몇 명입니까?
B 둘입니다. '오오키이 꼬'가 지금 초등학교 3학년이고, '치이사이 꼬'가 이제 막 만 6세가 되었습니다.
A 유리 씨 잠깐만, '오오키이 꼬'는 '우에노 꼬'로, '치이사이 꼬'는 '시따노 꼬'라고 해 주세요.

お子(こ)さん 자제분　　二人(ふたり) 두 명　　小学(しょうがく) 초등학교
満(まん) 만　　동사 과거형 + ばかりだ 막 ~(한) 참이다
言(い)う 말하다

episode 144 우리 남편

 私たちの男便

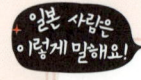 うちの主人

한국어는 거의 '우리나라', '우리 아버지', '우리 남편'이지만, 일본어는 '나의 ~'이다. 흔히 '우리'라는 말을 이해하면 한국의 문화를 이해할 수 있다고들 하는데 과언은 아니라는 생각이 든다.

A 秋夕(チュソク)は何(なに)をしますか。

B 主人(しゅじん)の実家(じっか)で過(す)ごします。女性(じょせい)はぜんぜん休(やす)めません。

C 私(わたし)はうちの主人(しゅじん)と二人(ふたり)で日本(にほん)に行(い)って来(き)ます。

A 추석에는 뭐 하세요?
B 시댁에서 보냅니다. 여자는 전혀 쉴 수 없어요.
C 저는 우리 남편과 둘이서 일본에 갔다 올 겁니다.

主人(しゅじん)の実家(じっか) 시댁　　　過(す)ごす 지내다
女性(じょせい) 여성　　ぜんぜん 전혀　　休(やす)む 쉬다
うちの主人(しゅじん) 우리 남편　　二人(ふたり)で 둘이서

Tip

'남편'은 「主人」이외에도 「夫(おっと), 旦那(だんな), うちの人(ひと)」라고도 한다.
- 妻(つま)の実家(じっか) 처갓집
- うちの家内(かない) 우리 집사람
- ~さんのご主人(しゅじん) ~ 씨의 남편
- ~さんの奥(おく)さん ~ 씨의 부인

기타

	이런 말 있을까요? ✗	일본 사람은 이렇게 말해요! ○
재수, 삼수	再修、三修	一浪（いちろう）、二浪（にろう）
학점	学点（がくてん）	単位（たんい）
(과외 수업 등의 매달) 수업료	授業料（じゅぎょうりょう）	月謝（げっしゃ）
겨울방학	冬放学	冬休み（ふゆやすみ）
족보	族譜	家系図（かけいず）
효도	孝道	親孝行（おやこうこう）
순산	順産	安産（あんざん）

내가 하는 말에
일본인이 인상을
찌푸린다면?

그런 일본어 없습니다

요리,
교통

146 기내 도시락
147 비법
148 복날
149 음식물 쓰레기
150 어머니의 손맛
151 더치페이
152 전세 버스
153 별미
154 유실물 센터
155 초보자
156 기타

episode 146 기내 도시락

機内弁当

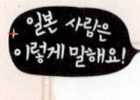
空弁

'기내 도시락'은 일본어로 「空弁(そらべん)」이라고 한다. 이는 「空港(くうこう) 공항」의 '空'을 'くう'가 아닌 'そら'라고 읽은 것이다.

일본항공 JAL은 2008년 7월 1일부터 김포↔하네다 편 이코노미 클래스에 일본 최초로 기내 도시락 '소라벤(空弁)' 서비스를 개시했다. 「空弁」은 냄새가 나지 않도록 만들어졌기 때문에 기내에서 먹어도 괜찮다.

A 日本の駅で売っている弁当を駅弁と言います。
じゃ、空港で売っている弁当は。

B 空弁?

A 残念でした。空弁と言います。
金浦・羽田間のJALの機内食は空弁だそうですね。

A 일본의 역에서 팔고 있는 도시락을 '에키벤'이라고 합니다.
그러면 공항에서 팔고 있는 도시락은?

B 쿠―벤?

A 아깝네요. '소라벤'이라고 합니다.
김포・하네다 간의 JAL 기내식은 '소라벤'이래요.

☆ 空弁は匂わないように作られている。
'소라벤'은 냄새가 나지 않도록 만들어져 있다.

☆ お土産に空港で空弁を買ってきました。
선물로 공항에서 '소라벤'을 사 왔습니다.

駅(えき) 역　　売(う)る 팔다　　弁当(べんとう) 도시락
~と言(い)う ~라고 한다　　空港(くうこう) 공항　　残念(ざんねん)だ 유감이다
~間(かん) ~ 사이　　機内食(きないしょく) 기내식　　匂(にお)う 냄새가 나다

episode 147 비법

秘法(ひほう)

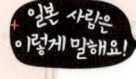
裏わざ(うらわざ)

시든 양상추를 50℃의 따뜻한 물에 2, 3분 담그기만 하면 양상추가 다시 싱싱해진다. 끓는 물(100℃의 물)과 수돗물(10~18℃)을 비슷한 양으로 혼합하면 50~55℃ 온도대의 더운물을 간단하게 만들 수 있다.
이 비법을 발견한 사람은 학교 급식실의 조리사였다고 한다.

A しなびたレタスを元気にするすごい裏わざがあるんですよ。
B ええ、そんなことできるんですか。
A はい。50℃のお湯に2、3分つけるだけなんですよ。
B 本当かどうか、家に帰ってやってみます。

A 시든 양상추를 싱싱하게 만드는 굉장한 비법이 있어요.
B 정말로 그렇게 할 수 있습니까?
A 네, 50℃의 따뜻한 물에 2, 3분 담그기만 하면 돼요.
B 진짜인지 아닌지, 집에 돌아가서 해 보겠습니다.

☆ NHKでいろんな裏技に関する番組をやっています。
NHK에서 여러 가지 비법에 관한 방송을 하고 있습니다.

☆ 彼はいろんな裏技を知っているよ。
그는 여러 가지 비법을 알고 있어.

しなびる 시들다   レタス 양상추   元気(げんき)だ 건강하다
すごい 굉장하다   お湯(ゆ) 뜨거운 물   つける 담그다
~だけ ~뿐   ~かどうか ~인지 어떤지   帰(かえ)る 돌아가다, 돌아오다
やる 하다, 주다   ~に関(かん)する ~에 관한

episode 148 복날

伏日

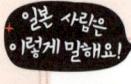
サンゲタンを食(た)べる日(ひ)

일본에는 '복날'이 없고, 대신 「土用(どよう)の丑(うし)の日(ひ)」라는 날에 여름 타는 것을 방지하기 위해서 장어를 먹는 습관이 있다.
올해 여름의 「土用」는 7월 19일부터 8월 6일까지이고, 「丑の日」는 7월 24일과 8월 5일이다.

A 今日は蔘鷄湯を食べる日ですね。
B あ、そうですね。日本にもこんな日があるのかな。
C 日本では、「土用の丑の日」にうなぎを食べるそうですよ。

A 오늘은 복날(삼계탕을 먹는 날)이네요.
B 어, 그러네요. 일본에도 이런 날이 있을까요?
C 일본에서는 '도요노 우시노 히'에 장어를 먹는다고 들었어요.

☆ 韓国ではサンゲタンを食べる日が夏に3回あります。
한국에서는 삼계탕을 먹는 날이 여름에 3번 있습니다.

今日(きょう) 오늘   日(ひ) 날   こんな 이런
~かな ~려나, ~까?   ~では ~에서는   うなぎ 장어
夏(なつ) 여름   ~回(かい) ~번, ~회

Tip
土用(どよう) : 입춘, 입하, 입추, 입동 전의 18일간.
丑(うし)の日(ひ) : 丑(うし)는 십이지의 두 번째인 축(丑)으로, 12일마다 돌아온다.

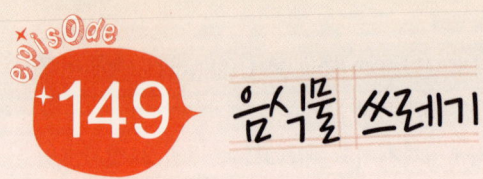

149 음식물 쓰레기

食(た)べ物(もの)のごみ ✗

生(なま)ごみ ○

일본에 가서 까마귀가 많은 것에 놀라는 사람이 많다. 일본의 까마귀는 가까이 가도 사람을 무서워하지 않는다. 음식물 쓰레기를 먹이로 하고 있어서 일본의 까마귀 증가는 큰 문제가 되고 있다.

A 東京はカラスが多いですね。ちょっと怖いです。
B 家庭から出る生ごみをエサにしているんですよ。
A 人が近づいても逃げませんね。

A 도쿄는 까마귀가 많네요. 좀 무서워요.
B 가정에서 나오는 음식물 쓰레기를 먹이로 해요.
A 사람이 가까이 가도 도망치지 않네요.

☆ 生ごみを出す日は、燃えるゴミの日と同じです。
음식물 쓰레기를 내놓는 날은 타는 쓰레기 (내놓는) 날과 같습니다.

☆ 田舎では生ごみを肥料としてリサイクルしている。
시골에서는 음식물 쓰레기를 비료로서 재활용하고 있다.

カラス 까마귀	多(おお)い 많다	怖(こわ)い 무섭다
家庭(かてい) 가정	出(で)る 나오다	生(なま)ごみ 음식물 쓰레기
エサ 먹이	近(ちか)づく 다가가다	逃(に)げる 도망가다
燃(も)える 타다	同(おな)じ 같음	田舎(いなか) 시골
肥料(ひりょう) 비료	～として ~로서	

# 어머니의 손맛

母の味

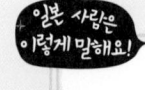
お袋の味

일본의 남성들은 나이를 먹으면 「お母(かあ)さん 어머니」이라고 부르지 않고, 「お袋(ふくろ) 어머니」라고 부르는 경향이 있는데, 이 「お袋」에 「味(あじ) 맛」를 붙여서 '어머니의 손맛'을 표현하면 된다.

A 親元を離れて何年になりますか。
B かれこれ30年ぐらいになりますね。
A 何が一番恋しいですか。
B 私は何と言ってもお袋の味ですね。

A 부모님 곁을 떠난 지 몇 년이 됩니까?
B 그럭저럭 30년 정도가 되는군요.
A 무엇이 제일 그립습니까?
B 저는 뭐니 뭐니 해도 어머니의 손맛이에요.

☆ おふくろの味といえば肉じゃがと味噌汁です。
어머니의 손맛이라고 하면 니쿠자가(감자 고기 조림)와 된장국입니다.

親元(おやもと) 부모 곁　　離(はな)れる 떨어지다　　かれこれ 이럭저럭, 이러쿵저러쿵
恋(こい)しい 그립다　　何(なん)と言(い)っても 뭐니 뭐니 해도
〜といえば 〜라고 하면

더치페이

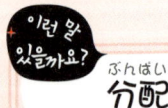
分配

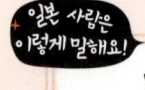
割り勘

계산을 할 때 '각자 나누어서 지불하자'는 뜻으로 한국에서 아저씨들이 '우리 품빠이하자'라고 많이 쓰는데, 정확한 일본어로는 「割(わ)り勘(かん)にしよう。」라고 해야 한다. 「分配(ぶんぱい)」는 '(이익을) 고루 나누다'라는 뜻으로 「割り勘 더치페이」과 쓰임이 조금 다르다.

A もうお腹いっぱい。そろそろお開きにしよう。
B いつも割り勘だけど、今日は僕がおごるよ。
A おいおい、無理するなよ。

A 이제 배불러. 이제 슬슬 끝내자.
B 항상 더치페이지만, 오늘은 내가 한턱낼게.
A 이봐, 무리하지 마.

☆ 初めてのデートで割り勘ですか。信じられない。
첫 데이트에서 더치페이입니까? 믿을 수 없네요.

もう 이제, 벌써, 더
お腹(なか) 배
そろそろ 슬슬
お開(ひら)きにする 끝내다, 폐회하다
いつも 언제나
~けど ~이지만
おごる 한턱내다
おいおい 이봐 이봐
無理(むり) 무리
동사 기본형 + な ~(하지) 마라
信(しん)じる 믿다

episode 152 전세 버스

 専貰バス

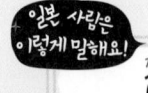 貸切(かしき)りバス

여행사가 관광버스를 빌려 고객을 이동시키는 '고속 투어 버스'의 수요가 증가하고 있다. 투어 버스는 도쿄·오사카 간을 편도 4000엔대, 싼 경우는 3000엔대부터 캠페인 중인 평일에는 2000엔대까지 되는 경우도 있다.
소요 시간은 비교가 되지 않지만, 신칸센 편도 14,050엔에 비해 아주 싸다.

A 貸切りバスって何ですか。

B チャーターしたバスのことですよ。
最近、高速ツアーバスを利用する人が増えたそうです。

C 東京·大阪間が、2000円から4000円台だからですよ。

A '가시키리 버스'가 뭐예요?
B 전세 낸 버스라는 뜻이에요.
최근, 고속 투어 버스를 이용하는 사람이 증가했다고 합니다.
C 도쿄·오사카 간이 2000엔에서 4000엔대이기 때문이죠.

チャーターする 빌리다, 전세 내다(charter)　　最近(さいきん) 최근
高速(こうそく) 고속　　ツアー 투어(tour)　　利用(りよう) 이용
増(ふ)える 늘다, 증가하다　　～からです ～이기 때문입니다

episOde 153 별미

このカルグクスも独特のいい味ですよ

이런 말 있을까요?
別味 ✗

일본 사람은 이렇게 말해요!
自慢の味 ○

'別味'는 한국어식 표현이므로, 「珍味(ちんみ) 진미」, 「独特(どくとく)の味(あじ) 독특한 맛」, 「自慢(じまん)の味 자랑하는 맛」 등으로 표현하는 것이 옳다.

A さぬきうどんもうまいけど、このカルグクスも独特のいい味ですね。

B そうでしょう。この店のご自慢の味なんですよ。

A アサリのいい味が出ていますね。

A 사누키 우동도 맛있지만, 이 칼국수도 별미네요.
B 그렇죠? 이 가게의 별미예요.
A 바지락의 좋은 맛이 우러났네요.

☆ こちらがうちの自慢の味です。どうぞ。

이것이 우리 집 별미예요. 드셔 보세요.

うまい 맛있다. 솜씨가 좋다   独特(どくとく) 독특   味(あじ) 맛
~でしょう ~지요?, ~일 것입니다   店(みせ) 가게
自慢(じまん) 자랑   アサリ 바지락   出(で)る 나오다

> **Tip**
> さぬきうどん(사누키 우동) : 일본에서 우동의 소비량이 제일 많은 시코쿠(四国) 지방의 가가와(香川) 현에서 만든 우동으로, 찰기가 있고 가장 맛있는 우동으로 정평이 나 있다.

유실물 센터

遺失物センター

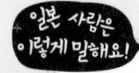
忘れ物センター

'유실물[분실물]'은 일본어로 「遺失物(いしつぶつ)」이지만, 보통 「忘(わす)れ物(もの)」라고 쓴다.
'깜빡하고 두고 왔을 때'는 「忘(わす)れる」이며, '잃어버린 경우'에는 「無(な)くす」를 사용하는 것에 유의한다.

A 電車の中にかばんを忘れてしまったんですが…。

B いつですか。

A 1時間前です。

B じゃ、忘れ物センターに連絡してみたら。

A 전철 안에 가방을 놓고 내렸는데요…….
B 언제죠?
A 1시간 전이에요.
B 그러면 분실물 센터에 연락해 보세요.

☆ 忘れ物センターにあるかどうか、もう一度確認してください。

분실물 센터에 있는지 없는지 한 번 더 확인해 주세요.

電車(でんしゃ) 전철　　忘(わす)れる 잊다　　いつ 언제
時間(じかん) 시간　　~前(まえ) ~전　　連絡(れんらく) 연락
~かどうか ~인지 어떤지　　確認(かくにん) 확인

초보자

 初歩者	

| 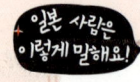 初心者 | ○ |

일본에서는 운전면허를 따면 1년간은 초보 운전자 마크인 「若葉(わかば)マーク 와까바 마크」를 사서 차의 앞뒤에 의무적으로 붙여야 한다.
이 마크를 붙인 차량에 위협을 가하거나 추월을 하면 벌점 1점이다.
또한 고령화 사회인 일본에는 할아버지와 할머니 운전자들을 위한 「もみじマーク 단풍 마크」가 있어서 75세 이상이면 반드시 붙여야 한다.

A あのマークは何ですか。
B あれは若葉マークですよ。
A 若葉マーク?
B 車の免許を取って1年未満の初心者という意味です。

A 저 마크는 뭡니까?
B 저것은 와까바 마크예요.
A 와까바 마크?
B 자동차 면허를 딴 지 1년 미만의 초보자라는 뜻입니다.

マーク 마크　　　車(くるま) 자동차　　　免許(めんきょ)を取(と)る
면허를 따다　　　未満(みまん) 미만　　　～という ~라고 하다
意味(いみ) 뜻

episode 156 기타

	이런 말 있을까요? ✗	일본 사람은 이렇게 말해요! ○
식용유	食用油(しょくようあぶら)	サラダ油(あぶら)
달걀 프라이	たまごフライ	目玉焼き(めだまやき)
연말에 먹는 메밀국수	年末(ねんまつ)に食(た)べるそば	年越(としこし)そば
채소 가게	野菜屋(やさいや)	八百屋(やおや)
차 없는 거리	車(くるま)のない道(みち)	歩行者天国(ほこうしゃてんごく)
대중교통	大衆交通(たいしゅうこうつう)	バスや電車(でんしゃ)
첫차	初(はじ)めの車(くるま)	始発(しはつ)
막차	最後(さいご)の車(くるま)	終電(しゅうでん)

행사, 계절

- 157 벚꽃 놀이
- 158 일본의 추석
- 159 환절기
- 160 성묘
- 161 해수욕장 개장
- 162 경축일
- 163 봄소식
- 164 연차
- 165 낮 최고기온이 30℃ 이상인 날
- 166 더위와 추위도 춘분·추분 무렵까지
- 167 우수
- 168 기타

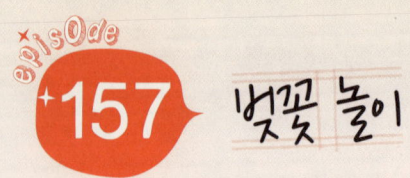 벚꽃 놀이

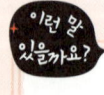
さくら遊び

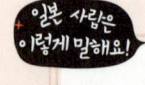
花見

「花見(はなみ)」는 단순히 '꽃구경'이 아니라, '벚꽃 놀이', '벚꽃 구경'을 뜻한다. (다른 꽃구경에는 「花見」를 사용하지 않는다.)
도쿄는 3월 말에서 4월 중순까지, 홋카이도는 4월 말부터 5월 초에 걸쳐 벚꽃이 절정을 이룬다.

A 四月といえば…。
B やっぱり花見ですかね。
A なのに、今年は行けませんでした。
B 北海道に行けば、今からが桜の見ごろですよ。

A 4월이라고 하면…….
B 역시 벚꽃 놀이가 아닐까요?
A 그런데 금년에는 못 갔어요.
B 홋카이도에 가면 지금부터가 벚꽃의 절정이에요.

☆ 来年の春にもう一度、ここに花見に来ましょう。
내년 봄에 한 번 더, 여기로 벚꽃 놀이하러 옵시다.

~といえば ~(라고) 하면　　**やっぱり** 역시　　**なのに** 그런데도
今年(ことし) 올해　　**今(いま)から** 지금부터　　**見(み)ごろ** 보기에 알맞은 때
来年(らいねん) 내년

일본의 추석

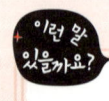
日本の秋夕
にほん チュソク

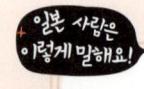
お盆
ぼん

한국의 추석에 해당하는 일본의 「お盆(ぼん)」은 8월 13일부터 15일까지이다. 회사들은 대부분 3일간 쉬는데, 쉬는 기간은 회사마다 조금씩 달라서 일본에 거래처가 있는 사람들은 미리 확인해 두어야 업무에 차질이 없을 것이다. 추석은 초가을에 있지만, 「お盆」은 불교식 의식이며 한여름에 있다. 다른 점도 많이 있겠지만 조상의 영혼을 모시는 마음에는 별 차이가 없을 것이다.

A 日本は13日からお盆ですね。
B もう帰省ラッシュが始まっていますよ。
C 韓国の秋夕と似ていますね。

A 일본은 13일부터 '오봉(일본의 추석)'이군요.
B 벌써 귀성 러시가 시작되고 있어요.
C 한국의 추석과 비슷하군요.

☆ 長い休みがとれるお正月とかお盆の時に帰国したい。
긴 휴가를 얻을 수 있는 정월이라든지 추석 때에 귀국하고 싶다.

もう 이제, 벌써, 더　　**帰省(きせい)** 귀성　　**ラッシュ** 러시(rush)
始(はじ)まる 시작되다　　**韓国(かんこく)** 한국　　**似(に)る** 닮다
休(やす)みをとる 휴가를 얻다　　**帰国(きこく)** 귀국

 환절기

 換節期

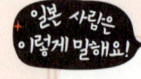 季節の変わり目

「花粉症(かふんしょう)」는 꽃가루 알레르기 반응에 근거하는 질환으로, 일본에서는 2월 초부터 4월 말경에 걸쳐 발병한다. 도시에서는 대기오염 물질과 꽃가루가 혼합되어 알레르기 증상이 심해진다고 하는데, 일본인의 절반은 이 꽃가루 알레르기가 아닌가 할 정도로 이 무렵 마스크를 쓰고 다니는 사람이 상당히 많다.

A 東京にはマスクをしている人が多いですね。
B 季節の変り目だから風邪でもひいたのかな。
C 日本には花粉症の人が多いんですよ。

A 도쿄에는 마스크를 하고 있는 사람이 많네요.
B 환절기라서 감기라도 걸렸나?
C 일본에는 꽃가루 알레르기인 사람이 많아요.

☆ 最近花粉症の人よりもアトピーの人が増えた。
최근 꽃가루 알레르기인 사람보다도 아토피인 사람이 늘었다.

マスク 마스크　　多(おお)い 많다　　季節(きせつ) 계절
変(かわ)り目(め) 바뀔 때　　風邪(かぜ)をひく 감기에 걸리다
花粉症(かふんしょう) 꽃가루 알레르기　　増(ふ)える 증가하다

# 160 성묘

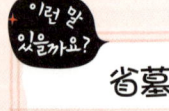
省墓 ✗

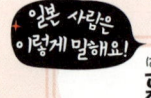
墓参(はかまい)り ○

인도에서 중국, 한반도를 거쳐 일본에 전해진 불교이지만, 일본에만 있는 습관 중 하나가 「彼岸(ひがん) 히강」 기간 동안에 성묘를 하는 풍습이다. 일본에서는 성묘를 위해 춘분·추분을 휴일로 정하고 있다.

A 日本はどうして秋分の日が休みですか。

B 彼岸のお墓参りに行くためですよ。

A それで春分の日も休みなんですね。

A 일본은 왜 추분이 휴일입니까?
B '히강' 기간 동안 성묘하러 가기 위해서죠.
A 그래서 춘분도 쉬는군요.

☆ 雪の道をおして墓参りに行った。
눈길을 무릅쓰고 성묘하러 갔다.

☆ 毎年9月に墓参りに帰郷する。
매년 9월에 성묘하러 귀향한다.

どうして 어째서, 왜	秋分(しゅうぶん) 추분	日(ひ) 날
休(やす)み 휴일	彼岸(ひがん) 히강(춘분·추분을 중심으로 전후 3일의 7일간)	
~ため ~ 위해서, ~ 때문에	それで 그래서	春分(しゅんぶん) 춘분
押(お)す 밀다, 무리하게 하다	帰郷(ききょう) 고향에 돌아감	

 episode 161

해수욕장 개장

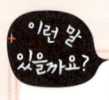 이런 말 있을까요?
かいすいよくじょう かいじょう
海水浴場の開場

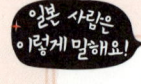 일본 사람은 이렇게 말해요!
うみびら
海開き

'해수욕장 개장'은 「海開(うみびら)き」라고 하며, '등산로 개장'은 「山開(やまびら)き」라고 한다.

「本州(ほんしゅう) 혼슈」에서는 7월 1일에 해수욕장을 개장하는 경우가 많으며, 후지산도 매년 7월 1일부터 2개월간 등산이 허용된다.

A いろいろな所で海開きされましたね。
B 海水浴のシーズンの到来ですね。
C 富士山も7月1日に山開きされましたよ。

A 여러 곳에서 해수욕장이 개장되었네요.
B 해수욕 시즌이 된 거죠.
C 후지산도 7월 1일에 등산로가 개장되었어요.

☆ 7月の頭に海開きをします。
7월 초에 해수욕장을 개장합니다.

☆ 夏開幕!まもなく海開き。
여름 개막! 해수욕장 개장 임박.

いろいろな 여러 가지	所(ところ) 곳, 장소	される 되다(*する의 수동형)
海水浴(かいすいよく) 해수욕	到来(とうらい) 도래, 때가 옴	頭(あたま) 머리, 처음
開幕(かいまく) 개막	まもなく 머지않아, 이윽고	

경축일

せいじんの日

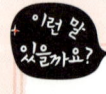
慶祝日

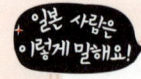
こくみん しゅくじつ
国民の祝日

'성인의 날'에는 각 「市町村(しちょうそん)」에서 그해 성인이 되는 사람들을 초대해 성인식을 거행한다. 1948년에 제정되어 1999년까지는 매년 1월 15일이었는데, Happy Monday 제도 도입에 따라 2000년부터 1월 둘째 주 월요일로 변경되었다.

A 日本の1月14日は何の日だったんですか。休みでしたね。
B 「成人の日」ですよ。国民の祝日の一つですよ。
A 1月15日だったんじゃないんですか。
B 2000年から1月の第2月曜日に変わったんですよ。

A 일본의 1월 14일은 무슨 날이었습니까? 휴일이었네요.
B '성인의 날'입니다. 경축일의 하나예요.
A 1월 15일이었던 거 아닙니까?
B 2000년부터 1월 둘째 주 월요일로 바뀌었어요.

日(ひ) 날　　成人(せいじん) 성인　　国民(こくみん) 국민
祝日(しゅくじつ) 축일　　~じゃない ~잖아, ~아니?　　第(だい)2~ 두 번째 ~
変(か)わる 바뀌다

Tip　Happy Monday 제도 : 공휴일을 월요일로 옮겨 토·일·월요일을 '3연휴'로 만드는 일본의 경축일 제도

 # 봄소식

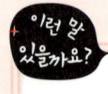 春の消息

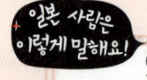 春の訪れ

「消息(しょうそく)」는 '안부', '동정'이라는 뜻으로 많이 쓰이므로, '소식', '찾아 오는 것'이란 뜻으로 쓸 때에는 「訪(おとず)れ」를 사용해야 한다.

예) 政界(せいかい)の消息(しょうそく)に通(つう)じる。 정(치)계 동정에 밝다.
別(わか)れてから一切(いっさい)訪(おとず)れもない。 헤어진 후 일절 소식도 없다.

A 花(はな)を見ていると、春(はる)の訪(おとず)れを感(かん)じますね。

B どんな花ですか。

A 木蓮(もくれん)の花ですよ。つぼみがずいぶん大(おお)きくなりました。

B 私(わたし)の家(いえ)の近(ちか)くではレンギョウの花が咲(さ)き始(はじ)めました。

A 꽃을 보고 있으면 봄소식을 느끼게 돼요.
B 어떤 꽃이요?
A 목련이요. 목련의 봉오리가 꽤 커졌습니다.
B 우리 집 근처에는 개나리꽃이 피기 시작했습니다.

花(はな) 꽃　　　　春(はる) 봄　　　　感(かん)じる 느끼다
木蓮(もくれん) 목련　　つぼみ 봉오리　　ずいぶん 상당히, 꽤
近(ちか)く 근처　　　レンギョウ 개나리　　咲(さ)く (꽃이) 피다
동사 ます형 + 始(はじ)める ~하기 시작하다

연차

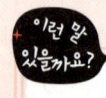
年次

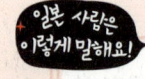
有休

「有休(ゆうきゅう)」는 「有給休暇(ゆうきゅうきゅうか) 연차 유급 휴가」를 줄인 말로, 일본에는 이것 외에 '월차'에 해당하는 단어가 없다.

A 韓国では5月の頭から5連休でしょう。

B ええ、5月2日を有休にしたらそうなりますね。お宅は。

A うちは1日が休みじゃないので、3日から3連休です。

B 日本では、26日から5月6日まで休む人もいるそうですよ。

A 한국에서는 5월 초부터 5일간 연휴지요?
B 예, 5월 2일을 연차 내면 그렇게 되네요. 댁은요?
A 우리 회사는 1일이 휴일이 아니라서, 3일부터 3일간 연휴입니다.
B 일본에는 26일부터 5월 6일까지 쉬는 사람도 있대요.

☆ 有給休暇を全然使わない人もいる。
연차를 전혀 사용하지 않는 사람도 있다.

韓国(かんこく) 한국　　5月(がつ)の頭(あたま) 5월 초　　連休(れんきゅう) 연휴
お宅(たく) 댁(*상대편 또는 상대편의 집·소속의 높임말)　　休(やす)む 쉬다
全然(ぜんぜん)〜ない 전혀 〜 없다　　使(つか)う 사용하다

낮 최고기온이 30℃ 이상인 날

 이런 말 있을까요?
日中の最高気温が30度以上の日

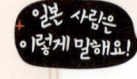 일본 사람은 이렇게 말해요!
真夏日

「真夏日(まなつび)」는 '낮 최고기온이 30℃ 이상인 날'을 가리킨다. 또, '최고기온이 35℃ 이상인 날'은 「猛暑日(もうしょび)」, '야간의 최저기온이 25℃ 이상인 날'은 「熱帯夜(ねったいや)」라고 한다.

A 昨日も暑かったですね。熱帯夜で寝づらかったです。
B 昨日は各地で猛暑日だったそうですよ。
A もう一週間以上も真夏日が続いていますね。

A 어제도 더웠지요. 열대야 때문에 자기 힘들었어요.
B 어제는 각 지역에서 최고기온이 35℃ 이상이었대요.
A 벌써 일주일 이상이나 최고기온이 30℃ 이상인 날이 계속되고 있네요.

☆ 今年の夏も40日も真夏日が続きました。
올 여름도 40일이나 낮 최고기온이 30℃ 이상인 날이 계속되었습니다.

昨日(きのう) 어제   暑(あつ)い 덥다   熱帯夜(ねったいや) 열대야
寝(ね)る 자다   동사 ます형+づらい ~하기 어렵다
各地(かくち) 각지   一週間(いっしゅうかん) 일주일   以上(いじょう) 이상
続(つづ)く 계속되다   今年(ことし) 올해   夏(なつ) 여름

더위와 추위도 춘분·추분 무렵까지

히강을 지나니까 갑자기 시원해졌죠.

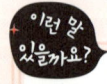
暑さ寒さも春分、秋分ごろまで

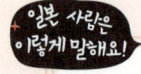
暑さ寒さも彼岸まで

「暑(あつ)さ寒(さむ)さも彼岸(ひがん)まで」는 '겨울의 추위는 춘분 무렵까지, 여름의 더위는 추분 무렵까지이고 이후에는 견디기 쉬워진다'라는 뜻이다.

A 彼岸を過ぎたら急に涼しくなりましたね。
B 「暑さ寒さも彼岸まで」と言いますからね。
A 日本の天気に関することわざですね。

A '히강'을 지나니까 갑자기 시원해졌죠.
B '더위와 추위도 춘분·추분 무렵까지'라고 하니까요.
A 일본의 날씨에 관한 속담이군요.

☆ 立春が最も寒い頃で、この寒さも彼岸までです。
입춘이 가장 추운 때이며, 이 추위도 '히강'까지입니다.

☆ 立秋が最も暑い頃で、この暑さも彼岸までです。
입추가 가장 더운 때이며, 이 더위도 '히강'까지입니다.

彼岸(ひがん) 춘분·추분을 중심으로 전후 3일의 7일간   過(す)ぎる 지나가다
急(きゅう)に 갑자기   涼(すず)しい 시원하다   暑(あつ)さ 더위
寒(さむ)さ 추위   天気(てんき) 날씨   ~に関(かん)する ~에 관한
ことわざ 속담   最(もっと)も 가장   ~頃(ころ) ~쯤, ~무렵

 # 우수

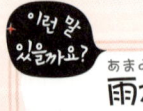
雨水

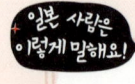
雨水

일본어「雨水」는 읽는 방법이 두 가지가 있다.「あまみず」로 읽으면 '빗물, 빗물이 지면에 고인 것'을 뜻하며,「うすい」로 읽으면 24절기의 하나인 '우수'(2월 19일경)를 말한다.

A 2月19日は「雨水」でしたね。
B あ、それは「うすい」って読むんですよ。
A 日本語の漢字の読み方は難しいですね。
B 実は、私もついこの間、知りました。

A 2월 19일은 '아마미즈'였지요?
B 아, 그것은 '우스이'라고 읽습니다.
A 일본어의 한자 읽는 방법은 어렵네요.
B 실은 저도 얼마 전에 알았어요.

☆ 雨水が漏っていますね。
  빗물이 새고 있군요.

☆ 立春と春分の間に雨水がある。
  입춘과 춘분 사이에 우수가 있다.

読(よ)む 읽다　　　漢字(かんじ) 한자　　　동사 ます형 + 方(かた) ~하는 방법
難(むずか)しい 어렵다　　実(じつ)は 실은　　　つい 조금, 바로, 무심코
この間(あいだ) 일전에　　知(し)る 알다　　　漏(も)る (물 등이) 새다

episode 168 기타

	이런 말 있을까요? ✗	일본 사람은 이렇게 말해요! ○
노래자랑	歌自慢 (うたじまん)	のど自慢 (じまん)
조개 잡이	貝取り (かいとり)	潮干狩り (しおひがり)
3일간의 연휴 (사흘 연휴)	三日間の連休 (みっかかんのれんきゅう)	三連休 (さんれんきゅう)
대체 휴일	代替休日 (だいたいきゅうじつ)	振替休日 (ふりかえきゅうじつ)
성수기	盛需期	繁忙期 (はんぼうき)
비수기	非需期	閑散期 (かんさんき)
꽃샘추위	花を妬む寒さ (はなをねたむさむさ)	花冷え (はなびえ)
마른장마	乾いた梅雨 (かわいたつゆ)	空梅雨 (からつゆ)